数智企业经营管理沙盘

颜为民　向海斌　秦文进　主编

中国财经出版传媒集团
中国财政经济出版社
·北京·

图书在版编目（CIP）数据

数智企业经营管理沙盘 / 颜为民，向海斌，秦文进主编. -- 北京 : 中国财政经济出版社，2025. 7.

ISBN 978-7-5223-4128-6

Ⅰ. F272.7

中国国家版本馆CIP数据核字第202567LS15号

责任编辑：蔡　宾　　　　责任校对：徐艳丽

封面设计：孙俪铭　　　　责任印制：史大鹏

数智企业经营管理沙盘

SHUZHI QIYE JINGYING GUANLI SHAPAN

中国财政经济出版社 出版

URL：http：//www.cfeph.cn

E－mail：tianmh@cfeph.cn

社址：北京市海淀区阜成路甲 28 号　邮政编码：100142

营销中心电话：010－88191522　编辑部门电话：010－88190666

天猫网店：中国财政经济出版社旗舰店

网址：https：//zgczjjcbs.tmall.com

涿州汇美亿浓印刷有限公司印刷　各地新华书店经销

成品尺寸：185mm×260mm　16 开　9.5 印张　200 000 字

2025 年 7 月第 1 版　2025 年 7 月河北第 1 次印刷

定价：49.00 元

ISBN 978－7－5223－4128－6

（图书出现印装问题，本社负责调换，电话：010－88190548）

本社质量投诉电话：010－88190744

打击盗版举报热线：010－88191661　QQ：2242791300

前　言

在数智化快速发展的时代，企业经营管理面临着前所未有的挑战与机遇。高校为了培养适应未来商业环境的高素质人才，数智企业经营管理沙盘（简称“数智沙盘”）应运而生。这款数智沙盘旨在通过模拟真实的企业经营环境，结合先进的数智技术，为学生提供一个全面、实践性强且富有挑战性的学习平台。

数智沙盘融合了经典的经营管理理论与数智化创新元素，将理论知识与实践操作紧密结合，使学生能够在“做中学”，在实践中深化对管理理论的理解和应用。通过角色扮演、情景模拟等多种形式，学生能够全面接触企业经营的各个方面，从市场营销到供应链管理，从财务管理到人力资源管理，每一个环节都需要他们亲自参与和决策。这种实训方式还特别强调团队合作的重要性。在数智沙盘中，学生被分成不同的团队，每个团队成员都需要扮演特定的角色，如CEO、CFO、营销总监等。这不仅要求每个人在自己负责的业务范围内做出最佳决策，还需要与他人紧密合作，共同为企业的发展制定最优战略。这种协同实训的经历，有助于培养学生的团队精神和领导能力。更为重要的是，数智沙盘能够帮助学生培养创新思维和应变能力。通过模拟不同的市场情况和竞争对手的策略，学生需要不断地思考新的解决方案，以应对各种挑战。这种经历不仅能够锻炼他们的创新能力，还能够帮助他们学会如何在不确定性中做出确定性的正确决策。通过参与这种实训，学生不仅能够更好地理解企业管理的本质，还能够为未来的职业生涯打下坚实的基础。

《数智企业经营管理沙盘》是根据用友新道公司开发的创业者5.0版沙盘软件推演编写而成。全书内容直观、生动，可操作性强，尤其是沙盘实战策划和实战案例极具参考价值，为本书的一大特色。

本书由颜为民老师编写第一章和第二章；秦文进老师编写第三章；向海斌老师编写第四章、第五章和附录。全书由颜为民老师统稿。

由于作者水平和能力有限，疏漏之处在所难免，敬请广大读者批评指正。

编　者

2025年5月

目　　录

第一章
数智企业经营管理

第一节　数智企业的内涵

一、企业的发展历程

企业一般是指以盈利为目的，运用各种生产要素，向市场提供商品或服务，实行自主经营、自负盈亏、独立核算的法人或其他社会经济组织。企业是一个有组织的实体，通过协调各类社会资源来实现特定的经济目标。大多数企业都是为了获得利润而设立的，尽管一些非营利组织也可以被视为广义上的“企业”，虽然不以盈利为目的，它们也从事某种形式的服务或产品提供，同样需要有效地管理和运营来实现其使命和目标，这意味着企业应该能够单独计算其收入与支出，并对其财务状况负责。

企业根据市场需求，生产或提供具有一定价值的商品或服务，满足消费者的需求。商品可以是有形的产品，如汽车、手机、服装等；服务可以是无形的，如金融服务、物流服务、咨询服务等。企业在法律和政策允许的范围内，自主决定生产经营活动的方向、内容和方式。企业可以根据市场变化和自身发展需求，调整产品结构、生产规模、营销策略等。

企业独立承担生产经营活动的风险和收益。经营成功则获得利润，失败则承担亏损。自负盈亏的机制促使企业不断提高经营管理水平，降低成本，提高效益。企业具有独立的会计核算体系，对生产经营活动的成本、收入、利润等进行核算和分析。独立核算可以帮助企业了解自身的财务状况和经营成果，为决策提供依据。

企业的发展历程是一个持续进化的过程，每个阶段都有其特征性和代表性的发展模式和技术背景。随着社会经济条件的变化，企业也在不断地调整自身以适应新的挑战和发展机遇。我们可以从历史阶段、技术进步、管理思想变迁等方面多个维度来学习了解。在工业化之前，生产和贸易主要由家庭作坊的手工艺人完成。18 世纪末到 19 世纪初的工业革命标志着大规模机械化生产，开始出现了工厂制度，生产方式发生了根本变化，企业规模迅速扩大，企业开始采用流水线作业方式提高生产效率。

20 世纪随着科学技术的进步和社会经济的发展，企业开始向大规模方向发展，管理上引入了科学管理方法，并且出现了分工更加精细的企业结构，出现了许多大型企业集团。20 世纪下半叶至今，随着信息技术的迅猛发展，特别是互联网的普及，企业开始进入信息化管理阶段，全球化成为企业发展的新趋势，跨国公司大量涌现，企业之间的竞争与合作日益复杂。近年来，大数据、人工智能等技术正在改变着企业的运营模式，数字化转型成为企业管理的重要议题。

企业的责任通常是一个多维度、多层次的概念，包括对企业内部及其外部环境的责任，涵盖了法律、伦理、经济、社会和环境等多个方面。企业的法律责任是企业必须遵守的基本义务，它要求企业在经营活动中严格遵守国家法律法规，企业必须按照税法规定及时足额缴纳税款。企业应与员工签订劳动合同，提供必要的劳动保障，购买社会保险等。如果企业行为构成犯罪，必须承担相应的刑事责任。

企业伦理责任要求企业在追求经济效益的同时，注重社会效益，维护社会公正和道德秩序，不进行虚假宣传或误导消费者，遵守商业道德和公平竞争原则，减少生产活动对环境的影响，企业越来越重视绿色经济可持续发展和社会责任，采取环保措施，实现可持续发展，积极参与社区公益事业和慈善活动。企业作为环境使用者所应承担的环境责任，要求企业在生产经营过程中注重环境保护和可持续发展。

企业作为经济组织所应承担的经济责任要求企业以盈利为目标，通过合法经营为社会创造财富和价值。企业的经济责任包括通过优化资源配置、提高生产效率、降低成本等方式，实现企业的盈利目标，为国民经济的快速稳定发展发挥积极作用，促进产业升级和结构调整。保障利益相关者权益，确保股东、员工、客户、供应商等利益相关者的合法权益得到保障。

企业作为社会成员所应承担的社会责任，要求企业在追求经济效益的同时，关注社会问题和公共利益。积极参与社会慈善事业和公益活动，为弱势群体提供帮助和支持。通过增加投资、扩大生产等方式创造更多就业机会，缓解社会就业压力。参与社会治理，积极与政府、非政府组织等合作，共同推动社会治理创新和进步。

现代企业正在向着更为开放、灵活、负责任的方向发展，同时也在不断探索新的经营模式和技术手段来应对日益复杂的商业环境。企业应当积极履行各项责任，为社会做出积极贡献，实现经济效益和社会效益的双赢。企业履行责任不仅有助于提升企业的品牌形象和社会声誉，而且也是企业可持续发展的基础。随着社会对企业期望值的提高，越来越多的企业开始关注并实践社会责任管理，将其作为企业长期发展战略的一部分。

随着信息技术的快速发展，企业越来越多地利用云计算、大数据、人工智能等技术来改进运营流程，提升效率，并为客户提供更好地服务体验。企业倾向于采用更扁平化的组织结构来减少层级，提高决策效率。柔性化组织、项目导向的工作团队以及分立化、网络化的合作模式也成为新的趋势。企业决策过程变得更加透明，鼓励员工参与提出建议，从而增强员工的责任感和归属感。企业更加重视员工培训和发展，提供终身学习的机会，以确保员工技能与市场需求保持同步。

创新已成为现代企业持续发展的关键。无论是技术创新还是商业模式创新，都要求企业持续投资研发，寻求新的增长点。企业在追求经济效益的同时也越来越注重环境保护和社会责任，推行绿色生产方式，关注可持续发展。企业人力资源部门正逐渐从传统的事务性工作中解放出来，转变为更具战略意义的角色，致力于提升员工满意度，优化人才配置。全球化使企业不再局限于本地市场，而是寻求国际扩张，建立全球供应链和服务网络。

二、数智企业组织形式

数智企业是利用数字技术和智能技术实现企业数字化、智能化转型的企业。数智企业的组织形式呈现出平台化、敏捷型、网络型和数据驱动型等特点，这些组织形式可以帮助数智企业更好地适应快速变化的市场环境，提高企业的竞争力和创新能力。数智企业组织形式的构建是一个动态的过程，需要企业不断地进行自我革新和调整，以适应不断变化的外部环境和内部需求。

传统企业往往具有较多的管理层级，信息传递速度慢，决策效率低。数智企业通过减少管理层级，实现信息的快速流通和决策的高效执行。企业多采用“小团队、扁平化”的组织架构，每个团队直接向高层领导汇报，减少了中间环节，提高了工作效率。在扁平化结构中，权力不再集中于高层管理者，而是下放到各个团队和员工手中。这样可以激发员工的创造力和积极性，提高企业的创新能力。数智企业根据市场需求和项目任务，动态组建跨部门、跨专业的团队，团队成员由具备不同技能和知识的员工组成，可以快速响应市场变化，提高企业的竞争力。

数智企业通过建立内部网络平台，实现员工之间的高效协作。通过数字网络员工可以平台共享信息、交流经验、协同工作，提高工作效率和质量。通过采用企业数字办公软件，实现了员工之间的即时通信、文件共享、任务管理等功能。数智企业还积极与外部合作伙伴进行网络化协作。通过与供应商、客户、科研机构等建立合作关系，实现资源共享、优势互补，共同开拓市场。

数智企业积极与高校、科研机构合作开展技术研发，与供应商合作进行供应链管理，与客户合作进行产品创新等。数智企业通过构建柔性化团队可以根据项目进展和市场变化进行灵活调整。团队成员可以根据需要随时加入或退出团队，团队的规模和结构也可以根据任务变化进行调整。

数智企业组织构建时，需要制定清晰的战略目标和目的，保持战略定力，建立新的组织机构角色，对生成式人工智能相关的功能进行有效管理。培养和吸引具有深厚行业业务知识、企业内部知识和信息技术的综合型人才。通过培训和教育提升员工的相关技能，如大模型、提示词工程、模型训练与微调等。建立智能适配工具以提升组织能力。数智企业利用大数据、人工智能等技术，对企业各种数据进行分析和挖掘，为企业的决策提供科学依据。企业可以通过分析销售数据、客户反馈等信息，制定精准的营销策略；通过分析生产数据、设备运行数据等信息，优化生产流程，提高生产效率。

数智企业组织形式打破了传统的金字塔式科层组织结构，形成以"最小经营单元"为中心的扁平化网状组织，提升员工积极性和自主能动性，使得组织更加灵活，能够快速响应市场变化，客户需求驱动企业决策。强调员工的自我驱动，激活个体创造力和能动性，使每一部分都能为组织提供动能。数据成为企业的核心资产，数据流决定物流和资金流，为企业的管理决策提供重要依据。在科技迅速发展的环境中，企业学习型组织需要为员工提供学习氛围浓厚的组织，不断提升员工知识和能力。

数智企业打造智慧型组织和共生型组织，需要集成先进的信息技术、工业技术和管理技术，实现企业全要素的数字化感知、网络化传输、大数据处理和智能化应用。集聚顾客价值的创造和构建跨领域价值网络的合作型组织形式，实现企业与合作伙伴的共生和合作。数智企业应将数据视为核心资产，通过数据分析和智能算法来优化决策过程。这包括利用历史数据和实时数据来预测市场趋势、优化供应链、提升客户服务等。智慧型组织通过组建跨部门协作、项目制团队、自组织团队更加灵活、扁平化的组织结构，优化组织结构以适应快速变化的市场环境。

智慧型组织鼓励持续创新，通过快速迭代的方式不断优化产品和服务，要求企业具备快速响应市场变化的能力，以及灵活调整战略和运营模式的能力。企业需要培养具备数字化技能的人才，并建立鼓励创新和持续学习的企业文化。员工应具备数据分析、机器学习、系统集成等方面的能力。企业利用数字化手段改善客户体验，提供个性化和智能化的服务。通过智能客服、在线自助服务、移动应用等方式提升客户满意度。企业通过生态合作与开放创新应与供应商、合作伙伴、客户等建立数字化生态系统，实现数据共享、联合研发的共赢。

数智企业矩阵型组织有效加强了横向联系，组织的机动性加强，集权和分权相结合，促进跨部门合作，提高项目执行效率，可以更好地协调不同部门之间的资源和能力，专业人员潜能得到发挥，能培养各种人才。数智企业事业部型组织可以根据业务类型或市场区域划分不同的事业部，每个事业部独立核算、自主经营，从而提高企业的整体竞争力和市场响应速度。数智企业平台型组织通过构建平台，连接内部资源和外部生态，实现资源的共享和优化配置。通过建立数据平台、技术平台或业务平台，为内部员工和外部合作伙伴提供支持和服务，促进创新和合作。

数智化时代网络型企业组织结构灵活，成员之间关系松散但高度协作，能够快速响应市场变化，能够更好地适应快速变化的市场环境，通过灵活的协作机制实现资源的快速整合和优化配置。数智企业混合型组织可以结合多种组织形式的优点，形成适合企业自身特点的组织模式，根据自身业务特点和发展阶段，灵活选择并组合不同的组织形式，形成具有竞争力的混合型组织模式。

三、数智企业的特点

数字经济时代企业的发展呈现出数字化与智能化转型加速的多方面特点，企业越来越多地采用人工智能、机器学习、大数据分析等技术，优化生产流程、提高生产效率和产品质量。制造业企业利用智能传感器收集生产数据，实时监测设备运行状态，预测设备故障并进行预防性维护；物流企业通过智能算法优化配送路线，提高物流效率。企业管理决策数字化，数字化管理平台和工具的应用将更加广泛，帮助企业实现数据驱动的决策。企业可以整合内部各个业务系统的数据进行深度分析，为管理层提供准确及时的决策支持。例如，通过分析销售数据和市场趋势，企业可以制定更精准的营销策略。

随着物联网技术的发展，企业推出更多智能产品和服务，有效实现与用户的互动和连接，为用户提供个性化的体验。智能家居产品可以根据用户的生活习惯自动调节家居环境，智能医疗设备可以实时监测用户的健康数据，提供健康建议和预警。企业可持续发展理念深入践行，在应对气候变化的背景下，企业将加大对绿色技术和可再生能源的投入，减少碳排放和能源消耗。企业积极采用节能设备、优化能源管理，发展循环经济，提高资源利用效率。

企业社会责任意识逐步增强，更加重视社会责任，关注员工福利、社区发展、环境保护等问题。越来越多的企业积极参与公益活动，推动社会的可持续发展。企业开展员工培训和职业发展计划，提高员工的技能和素质；参与社区建设和扶贫项目，为社会做出贡献。企业建立完善的治理管理体系，加强对环境、社会和治理风险的识别、评估和管理，提高企业的可持续发展能力和竞争力。面对日益复杂的国际形势、自然灾害等风险，企业更加重视供应链的韧性与协同化发展，有效增加供应商的多样性，建立备用供应商体系，加强库存管理和物流配送的灵活性，以应对供应链中断的风险。企业通过信息共享、技术合作等方式加强与供应商、合作伙伴之间的协同合作，实现供应链的高效运作。企业可以优化供应链流程，降低成本，提高供应链的响应速度和服务水平。

随着技术的不断创新和市场不确定性加大，不同行业之间的边界逐渐模糊。企业通过跨界融合，开拓新的业务领域和市场空间。科技企业与金融企业合作，推出金融科技产品和服务；传统制造业企业与互联网企业合作，开展智能制造和工业互联网业务。为了降低风险和提高竞争力，企业可以采取利用自身的资源和优势，拓展业务范围，多元化经营战略实现协同发展。企业在原有业务的基础上，开展新的数字业务板块，如研发、销售、服务等，提供一站式的解决方案。

企业对人才的需求更加多元化，不仅需要专业技术人才，还需要具备创新能力、跨学科知识、团队合作能力和数字化素养的复合型人才。企业需要加大对人才的培养和引进力度，建立灵活的人才管理机制，吸引和留住优秀人才。为了提高决策效率和响应速度，企业的组织架构趋于扁平化，减少管理层级，扩大管理幅度，使信息能够更快地传递和反馈，提高组织的灵活性和适应性。企业可以采用项目制或团队制的组织形式，打破部门壁垒，提高工作效率。

随着共享经济的发展，灵活用工模式将越来越受到企业的青睐。企业可以根据业务需求，降低用工成本，提高用工效率。随着经济全球化的深入发展，企业需拓展国际市场，加强国际合作与竞争。企业通过出口、对外投资、跨国并购等方式，进入国际市场，获取更多的资源和市场份额。越来越多的企业在“一带一路”倡议的推动下，积极开展国际业务，取得了良好的经济效益。企业也需更加重视本土市场的开发和培育，加强对本土市场的调研和分析，了解消费者的需求和偏好，推出符合本土市场的产品和服务。

数智企业能利用大数据和先进分析工具，快速处理海量信息，为决策提供精准依据，减少主观判断偏差，提高决策的科学性和及时性。传统企业决策可能更多依赖经验和有限数据，决策过程相对较慢。数智企业的组织架构更趋于扁平化和网络化，减少层级，信息流通更顺畅，员工能更直接地参与决策和创新，提高企业的灵活性和适应性。相比之下，传统企业层级结构复杂，信息传递可能存在失真和延迟，对市场变化的反应速度较慢。业务流程与运营组织方面借助数字化技术，数智企业可以对业务流程进行全面梳理和优化，消除烦琐的环节和重复劳动，提高运营效率和质量。传统企业的业务流程相对固化，改进难度较大。

数智企业能够实现实时感知和监控企业的运营状态，及时发现问题并采取措施，确保企业的稳定运行。传统企业可能更多依赖定期检查和人工汇报，问题发现和处理的及时性相对较差。数智企业构建学习型组织鼓励员工利用数字技术进行创新，营造开放的创新文化，且能更便捷地与外部创新资源合作，加速创新成果的转化。传统企业创新往往受限于内部资源和传统思维，创新速度和广度相对受限。数智企业凭借先进的技术和灵活的组织形式，能更快地感知市场变化，及时调整业务模式和策略，以更好地满足客户需求。

数智企业可以通过大数据分析深入了解客户需求和行为，为客户提供个性化的产品和服务，增强客户满意度和忠诚度。传统企业在个性化服务方面相对欠缺，难以满足客户日益多样化的需求。利用数字化渠道，数智企业能与客户进行实时、多渠道的沟通和互动，及时响应客户诉求，提高客户参与度。传统企业与客户的沟通方式相对单一，互动的及时性和效果不如数智企业。

数智企业基于数据驱动的决策，能更精准地配置资源，提高资源的利用效率，避免资源浪费。传统企业资源配置可能更多基于经验和固定模式，容易出现资源错配或闲置的情况。通过数字化平台和网络，数智企业能够更高效地整合内外部资源，与合作伙伴实现协同发展，拓展业务边界。传统企业的资源整合往往局限于线下和传统的合作模式，效率和协同效果相对较弱。

数智企业的创新文化和先进技术应用为人才提供了更广阔的发展空间和创新机会，有助于吸引和留住优秀人才。同时，灵活的工作方式和良好的数字化工作环境也更符合现代人才的需求；传统企业在吸引和保留数字化人才方面可能面临较大挑战，工作模式和环境对年轻人才的吸引力相对较弱。数智企业注重员工的数字化技能培养，通过在线学习平台、培训课程等方式，不断提升员工的数字素养和技能水平，使员工能更好地适应企业的数字化发展；传统企业的员工培训可能相对滞后，员工在数字化技能方面的提升速度较慢，难以满足企业数字化转型的需求。

第二节　数智企业经营

企业的经营管理，如果我们把经营与管理分开来看，那企业的经营与管理分别侧重哪些内容？著名企业家宋志平在自己的著作《有效的经营者》中，把管理的内容和经营的内容做出了很好的区分，并给出了明确的观点。他认为，管理是正确地做事，经营是做正确的事，管理是提高效率，经营是提高效益。按照这两个维度，我们就可以分清楚一家企业的领导者做的是管理工作，还是做经营工作，也可以判别出企业领导者做的是管理工作多一些，还是经营工作多一些。

宋志平认为管理通常指的是对企业内部资源的组织、协调和控制，确保日常运作的效率和效果。管理做得好，虽然可以提高效率，却不能决定企业的发展方向，而经营则不同，经营更侧重于企业的长远发展，包括制定战略目标、市场定位、资源配置等。经营做得好，企业才有光明的未来。经营事关战略，决定着整个企业的长远发展和成功；管理则是战术层面的，战术都是具体的方法和手段，是用于实现企业短期目标或者是应对企业里的即时问题的。管理是经营的重要支撑，经营指导着管理的方向和重点。

随着数字化、全球化、人工智能技术发展的日新月异，中国企业在新时代下面临的挑战是怎么改变经营思维的问题，企业的领导者应该想办法提高自身的经营水平，来适应现在的数字时代的市场环境和竞争格局。企业的领导者把管理做好是基础，做好经营成为有效的经营者是一种使命与责任，也是一种更大的挑战。企业领导者不能因为自己擅长管理就在企业里进行过度管理，而不去多动脑思考企业的经营，妄图用管理上的勤奋去遮掩自己经营上的懒惰。

一、数智企业经营的概念

对于企业的领导者而言，做好一件难而正确的事情离不开科学的经营思维与经营方法。数字时代企业生存发展有许多难而正确的事情需要进行有效经营，需要花费大量精力与心血去攻坚克难。当前我国数字经济的高质量发展和企业高质量的数字化转型，都离不开企业领导者高超的经营思维与经营方法。企业经营包括了制订战略计划、组织资源、指导员工以及控制业务活动等一系列的行动，目的是实现企业的目标和使命。经营涉及多个方面的工作，如市场营销、财务管理、人力资源管理、生产运营等。在不同的行业和企业规模中，经营的具体内容和侧重点也会有所不同。

经营活动始终围绕着明确的目标展开。对于企业而言，目标可能是实现利润最大化、扩大市场份额、提高品牌知名度等。经营者需要对市场进行深入调研，了解消费者需求、竞争对手情况、行业发展趋势等。通过市场分析，确定产品或服务的定位和市场机会。根据市场分析的结果，经营者要做出一系列决策，包括产品或服务的种类、价格策略、销售渠道选择等。经营涉及对各种资源的合理配置，包括人力、物力、财力等。经营者要根据经营目标和战略，确定所需的资源种类和数量，并进行有效的调配。同时，经营者还要考虑资源的成本和效益，力求以最小的投入获得最大的产出。

经营需要一支高效的团队来执行各项任务。经营者要负责招聘、培训和激励员工，建立良好的团队合作氛围。明确各部门和岗位的职责，确保团队成员之间的协作顺畅。经营者要确保生产过程的高效、稳定和质量可靠。同时，要建立健全的供应链体系，确保原材料的及时供应和产品的顺利销售。经营要求不断创新，以满足消费者日益变化的需求和市场的竞争压力。经营者要鼓励和支持员工的创新思维，不断推出新的产品或服务。创新可以包括产品功能的改进、设计的创新、服务模式的创新等。

经营者要根据市场变化和企业发展的需要，及时调整经营战略。同时，要关注行业的发展趋势和新技术的应用，积极寻求企业的可持续发展之路。经营是一个综合性的概念，涵盖了目标设定、筹划决策、组织管理、创新发展等多个方面。成功的经营需要经营者具备敏锐的市场洞察力、卓越的领导能力、高效的组织管理能力和创新精神，以实现企业或个人的可持续发展。

数智企业经营是指利用数字技术和智能技术来提升企业的经营管理水平。随着信息技术的发展，特别是云计算、大数据、人工智能、物联网等技术的应用，越来越多的企业开始重视数字化转型，利用这些技术来改进其业务流程、提高效率、增强客户体验，并创造新的商业价值。数智企业经营的核心在于数据驱动决策，通过收集和分析大量的数据，帮助企业做出更加准确和快速的决策，减少人为错误，并释放员工的时间去从事更具创造性和价值的工作。通过物联网将设备连接起来，并集成各种 ERP、CRM 等系统，使信息流更加顺畅，提高整体运营效率。利用数据分析了解客户需求和行为模式，提供个性化服务，改善客户关系。

数智企业经营是一种全新的企业运营模式，通过深度整合和应用数字技术，不仅优化了企业内部的管理和运营流程，还推动了企业与外部环境的互动和协作。数智化不仅改变了企业的内部运作方式，也影响了企业与客户、供应商以及其他利益相关者之间的互动模式。对于企业来说，成功地实现数智化转型可以带来竞争优势，但同时也需要面对诸如信息安全、技术更新换代等挑战。企业也可以借助数字技术开发新产品和服务，探索新的收入来源创新商业模式。

数智企业经营是指利用深度的数字技术与智能工具，实现企业商业模式、管理方式和业务流程的创新变革，以推动企业的高效运营和持续发展。数智企业是通过应用数字技术改善产品、服务及业务流程，推动商业创新转型升级的数字化智能企业。数智企业具备客户导向、员工能动、生态共荣、数据驱动、实时感知和智能运营等特征。企业运营从业务流程信息化向全面自动化、智能化转变。

生产经营从厂商导向转向客户导向，建立以客户为中心的商业模式和流程。组织从传统的从上到下模式转变为员工能动模式，激活基层和中层员工的潜能。企业构建或融入产业生态，通过资源共享和协同发展实现共赢。企业经营管理和运营以数据为核心，超越传统流程驱动成为新的运营核心。企业运营状态从延时运营转变为实时运营，提高响应速度和效率。

数智企业需要适应商业环境的变化，解决经营和管理上的痛点。数智企业通过产品与业务创新以及组织与管理变革，建立新的竞争优势。数智企业通过数智化转型，建立新的竞争优势，实现高质量发展。数智企业实现业务的云化部署和网络连接，为数智化转型打下基础。

数智企业全面实现数据服务，统一数据治理，升级数智底座，实现智能运营。数智企业通过业财产销协同、智能助理等技术，实现业务智能化，提升人机交互的自然性和知识生成应用的创新性。数智企业通过数字化和智能化技术，提高生产效率和管理水平，降低成本，增强竞争力。数智企业推动企业商业模式和运营方式的创新，实现可持续发展。数智企业利用数据智能工具发挥数据价值，赋能企业的业务经营和管理运营，为企业带来价值。

企业在数字化和智能化时代，利用先进的数字技术和智能工具，需要对企业的各项经营活动进行全面优化和创新。数智企业通过收集、整理和分析大量的企业内部和外部数据，包括销售数据、客户数据、市场数据、生产数据等，为企业的决策提供准确、及时的依据。利用数据分析工具和技术，如数据挖掘、机器学习、人工智能等，挖掘数据中的潜在价值，发现新的商业机会和风险。实现企业业务流程的数字化，包括生产流程、供应链管理、财务管理、人力资源管理等。通过数字化流程，提高运营效率，降低成本，减少错误。利用数字化工具进行企业资源规划（ERP）、客户关系管理（CRM）、项目管理等，实现企业资源的优化配置和协同工作。

智能生产制造引入智能设备和自动化技术，实现生产过程的智能化。例如，采用工业机器人、自动化生产线等，提高生产效率和产品质量。利用物联网技术，实现设备之间的互联互通和数据共享，对生产过程进行实时监控和优化。利用人工智能和大数据技术，进行精准营销和个性化服务。开展数字化营销活动，如社交媒体营销、内容营销、搜索引擎优化等，扩大品牌影响力和市场份额。利用人工智能和机器学习技术，为企业管理者提供智能决策支持。建立智能决策平台，整合企业内部和外部数据，实现数据可视化和决策智能化。

数智企业利用数字技术和智能工具，创新商业模式，开拓新的市场和业务领域。开展共享经济、平台经济、数字服务等新型商业模式，为企业带来新的增长动力。与合作伙伴共同创新，构建生态系统，实现互利共赢。数智企业注重员工的数字化素养和创新能力培养，鼓励员工学习和应用数字技术，推动企业的创新发展。关注行业动态和技术发展趋势，及时引入新的数字技术和智能工具，保持企业的竞争力。数智企业经营是企业在数字化和智能化时代的必然选择。通过数字化和智能化的手段，企业可以提高运营效率、降低成本、提升客户满意度、创新商业模式，实现可持续发展。

二、数智企业经营要素

经营要素是企业或个人在经营活动中所必须具备的关键组成部分。人力资源、财务资源、物质资源、市场资源和信息资源是经营活动中不可或缺的要素。经营者要充分认识到这些要素的重要性，合理配置和有效利用这些资源，以实现企业的可持续发展。人力资源主要包括员工素质的专业技能、知识水平、工作态度和创新能力等。高素质的员工能够为企业提供强大的智力支持，提高生产效率和服务质量。企业可以通过招聘、培训和激励等方式来提升员工素质。良好的团队协作能够充分发挥员工的优势，提高工作效率。团队成员之间相互支持、沟通顺畅，能够共同解决问题，实现经营目标。企业可以通过组织团队建设活动、建立有效的沟通机制等方式来促进团队协作。

企业需要有足够的资金来支持经营活动。资金筹集的方式包括自有资金、银行贷款、股权融资等。包括预算管理、成本控制、财务风险管理等。有效的资金管理能够确保企业资金的合理使用，提高资金使用效率。企业可以通过建立健全的财务管理制度、使用财务管理软件等方式加强资金管理。对于生产型企业来说，先进的生产设备是保证产品质量和生产效率的关键。企业要根据生产需求，选择合适的生产设备，并进行定期维护和更新。稳定的原材料供应是企业正常生产的保障。企业要与可靠的供应商建立长期合作关系，确保原材料的质量和价格稳定。

客户是企业的生存之本。企业要了解客户需求，提供满足客户需求的产品或服务，建立良好的客户关系。通过市场调研了解客户的喜好和需求，推出个性化的产品和服务；建立客户服务体系，及时解决客户问题，提高客户满意度。不断拓展客户群体，提高市场占有率。畅通的销售渠道能够确保产品或服务顺利到达客户手中。

企业要根据产品特点和市场需求，选择合适的销售渠道，如直销、分销、电商等。加强销售渠道管理，提高销售渠道的效率和效益。及时了解市场动态、竞争对手情况和行业发展趋势等信息，能够帮助企业做出正确的经营决策。建立信息收集和分析机制，确保信息的准确性和及时性。掌握先进的技术信息，能够提高企业的竞争力。企业要关注行业技术发展动态，引进先进的技术和设备，进行技术创新。

人力资源是企业最宝贵的财富。拥有一支高素质、富有创造力和执行力的员工队伍，能够为企业带来持续的竞争优势。财务资源是企业生存和发展的基础。合理筹集、配置和管理财务资源，能够确保企业的资金安全和稳定运营。物质资源是企业生产经营的物质基础。合理配置和管理物质资源，能够提高企业的生产效率和产品质量。市场资源是企业实现销售和利润的关键。开拓市场、满足客户需求、提升品牌知名度，能够为企业带来持续的市场份额和利润增长。信息资源是企业决策和管理的重要依据。及时、准确地获取和利用信息资源，能够提高企业的决策效率和管理水平。只有合理配置和有效利用这些资源，不断优化企业的经营管理，才能实现企业的可持续发展。

数智企业在数字化和智能化环境下，为了实现高效管理与可持续发展必须关注从战略规划到具体实施的各个方面，涉及管控力、决策力、组织力、协同力、营销力、产品力、供应力和生态力等核心要素。通过数字技术优化企业内部控制和风险管理，实现更高效的监管和风险应对机制。利用大数据和人工智能技术提高决策的速度和质量，支持企业在复杂环境下做出快速而准确的决策。

通过数字化工具和平台，促进组织结构的优化和人力资源的高效配置，提升组织的灵活性和响应速度。加强内外部的协作沟通，通过数字化手段打破信息孤岛，实现资源的共享和团队间的高效合作。应用数字技术和数据分析深化市场洞察，实现精准营销和客户关系管理，提升市场竞争力。依托数字技术开发新产品或改进现有产品，满足消费者需求，增强产品市场吸引力和竞争力。通过数字化改造供应链管理，提高供应链的透明度、灵活性和效率，降低成本并提升服务质量。

数智企业的经营要素涵盖了从内部管理到外部运营的多个方面，每个要素都是企业实现数智化转型的关键。通过这些要素的有效整合和应用，构建或融入产业生态系统，通过数字化平台实现资源共享、优势互补，推动整个产业链的协同发展。企业不仅能够提升自身的运营效率和竞争力，还能在不断变化的市场环境中保持领先地位。数据驱动决策、数字化技术和基础设施、敏捷和创新的文化、客户为中心、生态合作与共赢以及持续学习改进等多个方面，这些要素相互关联、相互促进，共同构成了数智化经营的基础和核心。

企业利用数据分析来指导战略规划和日常运营，通过实时监控关键业务指标，实现数据驱动的决策，打破信息孤岛，通过系统互通和集成，实现数据和资源的共享，提高内部管理效率。云计算提供灵活的计算资源和存储能力，使企业能够迅速适应变化，降低成本并提高业务连续性。通过大数据技术收集、存储和管理大量的结构化和非结构化数据，利用数据分析工具和技术从海量数据中提取有价值的洞察。

人工智能在企业中的应用场景广泛，机器学习算法通过分析历史数据和模式，帮助企业进行趋势预测和风险评估，提升业务决策的质量和效率。物联网技术通过连接智能设备和传感器，实现设备之间的数据交互和协同工作，提升运营效率和管理水平。

企业引入数字化思维，鼓励员工创新和尝试新技术和新方法，营造积极向上的创新文化。企业数字化转型带来新的岗位和职能需求，需要根据转型需求，调整组织结构，配置合适的人才。企业需要制订全面的数字技能培训计划，提升员工的数字技能和应用能力。企业需要明确的目标和愿景，制定清晰的转型战略，确定具体的实现路径和实施步骤。企业数字化转型需要合理的资源配置和投资计划，确保关键资源的投入和有效利用。

企业需要进行风险识别和评估，制定相应的应对策略，确保转型过程的顺利推进。企业需要建立数据标准、分辨数据价值、处理数据、数据决策，将数据转化为业务价值。企业利用数智化技术实现技术趋势预测、快速产品定义、快速原型验证等，降低对人员经验和知识的依赖，将创意迅速、准确地转化为成果。企业通过数字化转型累积数据资产，支撑企业追求业务敏捷化、业务快速迭代和形成第二增长曲线。数智企业经营的核心要素，帮助企业在数字化时代保持竞争力和实现可持续发展。

第三节 数智企业管理

数智企业管理需要企业通过整合先进的数字技术和智能算法，对内部管理流程、组织结构、业务模式进行创新优化。数据驱动的决策制定、系统间的无缝集成、云计算和大数据分析的应用、人工智能和机器学习技术的运用，以及物联网设备的部署，从而提高运营效率、增强市场竞争力和促进创新。数智化要求企业文化的转型，包括培养数字化思维、调整组织结构以适应新技术需求、加强员工培训以提升数字技能，以及制定明确的数字化转型战略。

数智企业管理是运用先进的数字技术和智能化手段，以数据为核心驱动要素，对传统企业管理模式进行革新，实现决策智能化、运营高效化、服务个性化的一种现代化企业管理方式。数智化经营企业需关注资源配置、投资规划、风险管理和数据治理，确保数据资产的安全和合规使用，有效实现更快速的业务响应、更精准的市场定位和更高效的资源利用，从而在激烈的市场竞争中保持领先地位。

一、企业管理的概念

管理是指在组织中协调和监督资源（包括人力、物力、财力、信息和时间等），以实现组织目标的过程。它涉及计划、组织、领导和控制等基本职能，旨在通过有效的资源配置和人员激励，提高组织的效率和效果。确定组织的目标、战略和行动计划，包括设定目标、制定策略和规划行动方案。建立组织结构，分配任务和资源，确保工作流程的顺畅，包括设计组织架构、定义职责和协调工作活动。指导和激励员工，建立团队，提升员工的能力和参与度，包括沟通愿景、提供指导、解决冲突和激励团队。监控和评估组织的表现，确保活动符合计划，包括设定标准、监控执行和进行绩效评估。

管理的核心目的是提高组织的生产力和效率，同时确保组织能够适应不断变化的外部环境。有效的管理需要良好的沟通、决策能力和问题解决技巧。随着技术的发展，现代管理还包括对数字化工具和系统的运用，以支持远程工作、数据分析和自动化流程。企业管理通过一系列管理活动和过程，对企业的资源进行有效协调、分配和利用，以实现企业战略目标和提高企业绩效的综合性活动。

企业管理的战略规划确定企业的长远目标和发展方向，制定实现这些目标的策略和计划。组织结构设计建立合理的组织架构，明确不同部门和岗位的职责与权力，以提高工作效率。人力资源管理包括招聘、培训、绩效评估、薪酬福利和员工关系等，以确保企业拥有合适的人才并激励他们实现组织目标。财务管理涉及资金的筹集、使用和管理，确保企业的财务健康和投资回报。运营管理关注企业日常运营活动，如生产、供应链管理、质量控制和客户服务。

随着全球化和技术进步，现代企业管理还面临着跨文化管理和技术快速变革的挑战。市场营销理解市场和客户需求，制定产品开发和推广策略，以提高市场份额和客户满意度。研发管理推动新产品或服务的研发，以保持企业的创新能力和竞争优势。风险管理识别和评估潜在风险，制定风险应对策略，以保护企业免受不确定性的负面影响。

企业管理的目标是提高企业的盈利能力、市场竞争力和可持续发展能力，同时确保企业的社会责任和伦理标准得到遵守。决策制定基于信息和数据分析，制定有效的业务决策。通过领导力的展现，激励员工，建立企业文化，引导企业向着既定目标前进。技术管理在数字化时代，企业管理还包括对信息技术和自动化技术的应用，以提高业务流程的效率和效果。

企业管理是一个综合性的过程，涉及多个方面的管理对象、原则、方法和重要性。通过有效的企业管理，可以实现企业的长期稳定发展和经济效益的最大化。企业管理涉及多个方面的管理对象，包括人力资源、项目、资金、技术、市场、信息、设备与工艺、作业与流程等。这些对象构成了企业运营各个方面，需要企业进行全面的管理和优化。

企业管理是一个由多个子系统组成的复杂系统，各子系统之间相互依存、相互制约。因此，企业管理需要遵循系统性原则，确保各子系统之间的协调和平衡。企业管理的目的是实现企业的长期稳定发展和经济效益的最大化。因此，企业管理需要注重有效性，确保各项计划和目标得到有效执行，提高企业的运营效率。企业管理需要关注员工的需求和发展，激发员工的积极性和创造力。通过以人为本的管理方式，可以建立和谐的企业文化，提高企业的凝聚力和竞争力。

有效的企业管理可以优化企业资源配置，提高生产效率和质量水平。企业管理有助于企业制定明确的发展战略和目标，确保企业沿着正确的方向发展。通过优化企业运营和管理流程，可以充分发挥企业的潜能优势，提高企业市场竞争力。企业管理要求企业建立规范的财务管理制度，确保企业财务数据的真实性和准确性。有效的企业管理可以提高企业的社会声誉和形象，增强企业的品牌价值和市场影响力。

二、数智时代管理的职能

数智时代的管理职能在传统企业管理的基础上，融合了数字化和智能化技术，形成了新的管理特点和要求。数智时代企业管理的职能发生了显著的变化，以适应数字化和智能化的发展趋势。传统的管理职能如计划、组织、领导和控制仍然适用，但在新的技术背景下，这些职能的实施方式和侧重点有了新的特点。

数智时代的管理更加注重数据的作用，强调灵活性、创新性和安全性，管理者需要具备跨界的知识体系和技术视野，以适应快速变化的商业环境。计划数据驱动：利用大数据分析工具预测未来趋势，制定基于数据的战略规划。强调短期计划与长期愿景相结合，快速迭代，灵活调整策略以应对市场变化。组织扁平化结构构建更加灵活、扁平化的组织架构，减少层级，促进信息流通。组建由不同部门成员组成的跨功能团队，以项目为导向，协同工作。人才管理注重培养员工的数字技能，提升整个团队的技术水平。采用远程办公、灵活工作制度等方式吸引和留住人才。

领导需要具备变革管理能力，引导员工接受新技术带来的变革。领导者需要掌握一定的数字技术知识，以便更好地指导团队利用数字工具。控制实时监控，利用物联网、云计算等技术实现实时监控业务流程，及时发现问题并采取措施。绩效管理采用数字化工具，科学评估员工表现及业务成果。鼓励持续创新，不仅是产品和服务上的创新，还包括管理模式、企业文化等方面的创新。利用新兴技术开发新产品和服务，创造新的市场机会。加强信息安全体系建设，保护企业及客户的数据不被泄露。识别与数字技术相关的风险点并采取预防措施。

数智时代管理的职能主要体现在通过数字化技术优化管理流程、提升决策质量、增强组织灵活性和促进创新等方面。利用数字工具和平台，实现业务流程的自动化和智能化，减少人工干预，提高效率和准确性。通过企业资源规划（ERP）系统整合内部资源，优化供应链管理。运用大数据分析、人工智能等技术手段，提供实时、准确的数据支持，帮助管理者做出更合理的决策。如基于消费者行为分析的市场趋势预测，指导产品开发和营销策略。

数智时代管理通过增强组织灵活性：推动组织结构向更加扁平化、灵活化的方向发展，提高组织的响应速度和适应变化的能力。采用敏捷管理方法，快速响应市场变化。鼓励创新思维和技术应用，通过数字化手段激发员工创造力，推动产品和服务的创新。利用云计算和大数据技术开发新服务模式。强化人才建设重视人才培养和技能提升，特别是在数字技术和数据分析领域，以适应数智化转型的需要。推动企业之间以及与外部环境的协同合作，构建开放共享的商业生态系统。

数智时代的管理职能不仅是对传统管理模式的简单升级，而是涉及企业文化、组织结构、运营流程等多个方面的深层次变革。企业在享受数字化带来的便利的同时，也要关注数据安全和个人隐私保护，建立健全的风险控制机制。及时实施网络安全策略，防止数据泄露和网络攻击。面对快速变化的市场和技术环境，企业管理者需要不断学习和适应新的管理理念和工具。

三、数智化管理战略

随着数字化转型的深入，未来数智企业的发展趋势将集中在数据驱动和技术创新上。企业将越来越依赖大数据、人工智能、云计算等技术来优化决策流程，提高运营效率，并创造新的商业模式。数据将成为企业最宝贵的资产，通过分析和挖掘数据价值，企业能够实现个性化营销、智能客户服务和精准的市场预测。同时，物联网技术的应用将使企业能够实现设备和资产的实时监控，提高生产效率和产品质量。网络安全也将成为企业关注的焦点，随着数据泄露和网络攻击的增加，企业将投入更多资源来保护数据安全和客户隐私。

数智企业将更加重视员工的数字化技能培养，以适应快速变化的技术环境。远程工作和协作也将成为常态，企业将采用更多数字化工具来支持分布式团队的沟通和协作。在产品和服务方面，企业将通过数字化手段提供更加个性化和高质量的客户体验。合规性和伦理问题也将受到更多关注，企业需要确保其数字化实践符合法律法规，并维护良好的社会形象。未来的数智企业将是一个高度数字化、智能化和网络化的组织，能够快速适应市场变化，为客户提供创新产品和服务。

数智化管理战略是企业在数字化和智能化技术浪潮中，为了提升竞争力和市场适应性而采取的一系列管理措施和策略，涉及企业运营的各个方面，包括但不限于数据驱动决策、云计算、人工智能、物联网、网络安全、人才培养和组织结构调整。在数智化管理中，数据的作用被提升到了前所未有的高度。企业通过收集和分析大量数据，利用数据挖掘和分析工具，为决策提供支持，提高决策的科学性和精准性。云计算技术的应用使企业能够灵活地扩展或缩减计算资源，提高了数据处理和分析的效率。人工智能和机器学习技术的应用则进一步优化了业务流程，提高了自动化水平，通过算法预测市场趋势和消费者行为，从而为企业的战略规划和日常运营提供智能化支持。

数智化管理战略强调对人才的培养和利用。企业需要培养具备数字技能的人才，提升员工的数字素养，以适应数字化转型的需求。组织结构也需要相应调整，建立更加灵活和扁平化的组织架构，以适应快速变化的市场和技术环境。此外，企业还需要加强网络安全管理，保护数据和资产不受网络攻击和数据泄露的威胁，确保企业的数字化实践符合法律法规，并维护良好的社会形象。

数智化管理战略还关注客户体验的优化和供应链的数字化管理。通过数字化手段改善客户体验，提供个性化服务，增强客户满意度和忠诚度。同时，利用数字化工具优化供应链管理，提高供应链的透明度和响应速度，降低成本，提高效率。企业通过数字化产品和服务的创新，满足市场的数字化需求，同时通过合规性和伦理的维护，确保企业的可持续发展。

数智化管理战略是企业为了适应快速变化的市场环境和客户需求，提升运营效率、创新能力和服务质量，从而在竞争中获得优势的一种全面而复杂的策略。数智化管理战略的核心在于利用数字技术提升企业的运营效率和创新能力，实现企业的可持续发展。随着技术的不断进步，数智化管理战略将继续演进，帮助企业把握未来发展趋势。

数智化管理战略的实施是一个复杂而全面的过程，需要企业遵循一系列关键步骤和策略。首先，企业需要明确数字化的目标和愿景，并将其纳入企业的长期发展战略中。这包括制定详细的实施路径以及设定可衡量的预期成果，确保数字化转型的全面推进和协调发展。

在实施过程中，企业需要评估现有的技术基础设施和数据管理能力，确定数字化转型的重点领域和优先级。这包括投资必要的硬件设备，如服务器、网络设备、终端设备等，以及选择和实施适合企业业务流程的软件系统，如 ERP（企业资源规划）、CRM（客户关系管理）、SCM（供应链管理）等。同时，企业需要构建各种数字化平台，如电子商务平台、移动应用、社交媒体平台、物联网平台等，以支持业务运营和客户互动。这些平台需要具备良好的用户体验和功能完善性，并能适应不断变化的市场需求。

企业人力资源管理战略应积极引进具有数字化技能和经验的专业人才，如数据分析师和数字化项目经理等，这些人才能够为企业带来新的视角和方法，加速数字化转型的步伐。同时，企业也需要注重内部人才的培养和发展，通过培训和教育提升全体员工的数字化素养和技能。此外，数智化管理战略还强调业务流程的优化和自动化。企业需要对现有的业务流程进行全面审查和优化，识别出可以借助数字化手段进行改进和提升的环节。这包括实施流程自动化和智能化技术以提高效率。

数智化管理战略的实施过程中，企业面临着多方面的挑战。面临的技术挑战显而易见。数字化转型涉及的技术领域广泛且复杂，企业需要具备强大的技术实力和创新能力来应对。为此，企业应加大技术研发投入，积极引进和培养技术人才，加强技术合作与交流。数字化转型组织挑战不可忽视，需要企业打破传统的组织架构和业务流程，实现组织的扁平化和柔性化，这要求企业建立适应数字化转型的组织架构和业务流程体系，加强跨部门协作和沟通，确保数字化项目的顺利执行和协调。

数字化转型文化挑战也是企业面临的一大难题，需要企业树立开放、创新、协作的文化氛围。这要求企业加强企业文化建设，鼓励员工积极参与数字化转型工作，提高员工的数字化素养和创新能力。为了应对这些挑战，企业需要采取一系列的应对措施。企业需要建立敏捷的迭代开发和改进机制，适应快速变化的技术和市场环境。这包括设置明确的绩效指标、实施项目管理和风险管理措施，以确保项目的成功实施。

企业需要加强与外部合作伙伴的合作与交流，共享资源、知识和经验，共同探索新的商业模式和创新机会。通过参与数字化生态系统的建设，企业可以利用外部创新力量加速数字化转型，同时为自身的发展打开新的空间和可能性。企业需要注重员工的培训和激励。通过提供必要的培训和支持，帮助员工适应数字化工作环境和技能要求。同时，企业还应建立完善的激励机制，激发员工的积极性和创造力，为数字化转型提供源源不断的动力。

四、数智化管理要素

企业在迈向数智化转型的过程中，必须综合考虑多方面的要素，以确保成功地利用数字技术和智能解决方案来提升自身的竞争力。在数智化管理过程中，数据治理成为核心要素之一。数据作为现代企业的重要战略资源，其质量直接影响着决策的有效性。因此，企业需要建立健全的数据治理体系，确保数据的准确性、一致性和完整性。这意味着不仅要投资于先进的数据采集与处理技术，还要建立一套严格的数据管理制度，涵盖数据生命周期中的每一个环节，从采集、存储、处理到分析和利用。

企业数据的安全性和隐私保护同样至关重要，企业必须采取有效的安全措施，防止数据泄露，保障客户隐私，遵守相关法律法规。企业还需要培养一支具备数据科学素养的团队，能够熟练运用数据分析工具，从中挖掘出对企业有价值的洞见。数据治理的目标是让数据成为企业决策的支持工具，帮助管理层更加精准地把握市场动态，制定出符合市场需求的战略方向。

技术基础设施的建设和优化是企业实现数智化管理不可或缺的一部分。随着云计算、大数据、物联网等技术的发展，企业需要构建强大的技术平台来支撑其业务运行。通过云计算可以实现资源共享和服务按需分配，降低成本；利用物联网技术可以实现设备间的互联互通，提高生产效率；大数据技术则有助于企业从海量信息中提炼出有价值的信息。

企业管理仅仅拥有先进技术还远远不够，更重要的是如何将它们有机地结合起来，形成一个高效运转的技术生态系统。这要求企业不仅要关注单个技术的应用，还要考虑技术之间的协同效应，确保各项技术能够无缝对接，共同服务于企业的整体发展目标。与此同时，企业还应该积极探索新兴技术的应用场景，如人工智能、区块链等，这些技术正在逐渐改变传统行业的运作模式，为企业带来了前所未有的机遇。技术基础设施的建设是一个持续的过程，需要企业不断投入资源，紧跟技术前沿，确保自身始终处于领先地位。

企业数智化管理还必须关注人的因素，即人才管理和文化建设。虽然技术是实现数智化转型的重要手段，但最终决定转型成败的还是人。企业需要引进和培养具备数字化技能的专业人才，这些人不仅要有扎实的技术功底，还应具备跨学科的知识背景，能够在多个领域之间架起桥梁。企业还应当致力于打造一种开放包容、鼓励创新的企业文化，激发员工的积极性和创造力，让他们愿意参与到企业的数字化进程中。这包括提供持续的学习机会，鼓励员工学习最新的技术知识；创建一个支持失败的文化氛围，让员工敢于尝试新事物。

企业还需要关注组织结构的调整，打破传统层级分明的组织形式，构建更加灵活、扁平化的管理模式，促进信息的快速流通和决策的高效执行。通过这些措施，企业不仅能够提高内部运营效率，还能增强对外部环境变化的适应能力，从而在激烈的市场竞争中立于不败之地。综上所述，企业数智化管理是一个系统工程，涉及数据治理、技术基础设施建设和人才管理等多个方面，只有全面考虑这些要素，才能真正实现企业的数字化转型。

在当今数字化与智能化飞速发展的时代，将数智企业管理要素成功应用到实际企业管理中，已成为企业提升竞争力、实现可持续发展的关键。企业需要建立完善的数据收集体系，整合内部各个业务系统的数据，如企业资源规划（ERP）、客户关系管理（CRM）、供应链管理（SCM）等系统的数据，确保数据的准确性和完整性。同时，利用物联网设备广泛收集生产过程、物流运输、设备运行状态等实时数据，以及通过市场调研、客户反馈等渠道收集外部数据。

企业获得丰富的数据资源后，深入的数据分析与洞察至关重要。组建专业的数据分析师团队，运用先进的数据挖掘、机器学习、商业智能等技术对数据进行分析，挖掘数据中的潜在价值和趋势。企业通过数据可视化平台，将复杂的数据以直观的图表、报表等形式呈现，管理层和各部门人员在决策过程中，依托各部门提供相关数据支持，快速了解企业运营状况，对各种方案进行量化评估，从而做出科学合理的决策，定期对决策的效果进行评估和反馈，调整决策策略。

企业在生产过程中，进行智能化改造，引入自动化生产线、智能设备和工业机器人等，提高生产效率和产品质量。同时，通过物联网技术优化供应链管理流程，实现对物流、库存的实时监控和自动调度。在销售预测、库存管理、生产计划等关键业务环节，运用人工智能算法和模型进行智能决策支持。建立智能预警系统，对可能出现的风险和问题进行实时监测和预警，及时采取措施进行防范和处理。利用大数据分析和机器学习技术，对客户需求进行预测，为产品研发、市场营销等提供决策参考。

企业需要搭建协同办公平台，实现各部门之间的信息共享、沟通协作和业务流程的无缝衔接。利用移动办公技术，让员工可以随时随地进行办公，提高工作效率和灵活性。引入智能办公助手，语音助手，智能日程管理等，为员工提供便捷的办公服务。收集和分析员工的绩效数据、培训记录、职业发展规划等信息，运用数据分析技术了解员工的能力和潜力。对外部人才市场进行监测和分析，了解行业人才趋势和竞争对手的人才策略，制定合理的人才招聘和保留策略。建立员工画像，了解员工的兴趣爱好、工作风格、职业发展需求等特点，进行个性化的人才管理。

企业需要充分利用在线学习平台为员工提供个性化的培训和发展机会，员工可以根据自己的岗位需求和个人能力选择适合的学习课程和培训资源。引入虚拟现实和增强现实技术，为员工提供沉浸式的培训体验。运用人工智能技术对员工的学习效果进行评估和反馈，及时调整培训计划。建立基于数据分析的绩效评估体系，客观、准确地评估员工的工作绩效。利用大数据分析技术了解员工的需求，制定个性化的激励措施，提高员工的工作积极性和满意度。引入智能绩效管理工具，实时跟踪员工的工作进展和绩效表现，及时给予反馈和指导。科学将数智企业管理要素应用到实际企业管理中，需要企业以数据为核心，领导者具备数智化的思维方式，加大对数字技术投入应用，培养专业的数字人才队伍，建立健全的数据管理和分析体系，不断创新业务模式和管理方法，需要企业打造智能化业务流程，构建智慧化人力资源管理体系，提升企业的管理水平和竞争力，实现可持续发展。

第二章
企业数智化转型挑战

企业数智化转型是适应数字经济时代发展的必然选择，企业转型过程中面临着多方面的挑战。许多企业常遇到战略规划不明确的问题，没有找到未来竞争的焦点和新的商业模式，导致数字化投入难以转化为可见的价值。许多企业现有经营管理系统老旧，数智技术人才缺乏，难以支持新技术的应用，而且市场上的技术服务参差不齐，企业难以选择合适的技术方案。很多企业在数据整合、分析和应用方面还处于起步阶段，数据孤岛现象严重，数据价值未能得到充分发挥，数据的管理和应用成为数字化转型中的难点。

企业数智化转型资金投入是一个重要障碍。数智化转型需要在软件采购、硬件更新、人员培训等方面有较大的前期投资，这对于资金实力相对较弱的中小企业来说是一个不小的负担。企业文化和组织的惯性也是转型过程中不可忽视的挑战。企业内部可能存在抵触变革的情绪，员工可能对新系统的接受度不高，管理层可能对数智化转型的效果持怀疑态度，这些都会影响转型的进程和效果。

企业数智化转型已成为必然趋势，然而转型过程并非一帆风顺，企业面临着多方面的挑战。企业需要引入云计算、大数据、人工智能等先进的技术和系统，这些技术的集成和应用的快速迭代，要求企业不断学习和适应，否则很容易陷入技术落后的困境。数智化过程中确保企业数据的安全性和隐私性，防止数据泄露和滥用，是企业必须面临的挑战。企业数智化转型往往伴随着组织架构的变革和业务流程的优化，这要求企业具备高度的组织灵活性和创新能力。

许多企业因长期形成的固有模式和思维惯性，难以迅速适应这种变革，导致数智化转型进程受阻。员工对于新技术的接受程度和数智素养也是影响转型成功的关键因素。如果员工缺乏必要的数智技能和转型意识，就很难在数智化环境中发挥最大效能。因此，企业需要在转型过程中注重组织文化的重塑和员工数智技能的提升，以克服这些非技术性的挑战。

第一节　企业数智化转型背景

企业数智化转型源于全球信息技术的迅猛发展。随着云计算、大数据、物联网、人工智能等先进技术的不断涌现和广泛应用，信息技术已成为推动经济社会发展的重要力量。在这个背景下，企业传统的运营模式和管理方式已难以满足日益复杂多变的市场需求。为了保持竞争力和可持续发展，企业不得不进行数智化转型，通过引入新技术、优化业务流程、创新产品和服务，来提升企业的运营效率和市场响应速度。

企业数智化转型是消费者行为变化和市场环境演变的必然结果。随着互联网的普及和移动设备的广泛应用，消费者的购物习惯、信息获取方式和支付方式都发生了巨大变化。企业需要通过数智化转型，更好地理解和满足消费者的需求，提升用户体验和满意度。市场环境也在不断变化，新兴业态和竞争模式的出现，要求企业必须具备高度的灵活性和创新能力。数智化转型能够帮助企业打破传统壁垒，拓展新的市场空间，实现业务的快速增长和可持续发展。因此，在信息技术和市场环境的双重推动下，企业数智化转型已成为当前商业环境中的必然选择。

数字经济的蓬勃发展，为企业提供了新的增长点和创新空间。企业数智化转型的背景，是数智技术与传统产业的深度融合，旨在通过技术革新推动企业运营模式、管理方式和业务流程的全面升级。这一转型不仅是技术层面的更新换代，更是企业战略思维和组织文化的重塑。企业需要明确转型的战略目标和实施路径，缺乏清晰的规划可能导致转型方向不明确和资源浪费。

企业需要制定清晰的数智化转型战略，确保转型目标与企业长远发展规划相一致。企业需要加强技术人才的培养和引进，同时与技术服务提供商合作，选择合适的技术解决方案。企业还需要加强数据管理和应用，实现数据资源的整合和共享。企业应该通过内部培训和沟通，建立一种支持变革和创新的企业文化，提高员工的数字素养和参与度，可以更好地把握数智化转型的机遇，实现可持续发展。

一、数智时代的来临

数智时代已经来临标志着一场前所未有的技术革命正在深刻地改变着我们的世界。以互联网、大数据、人工智能、物联网、区块链等为代表的数字技术迅速崛起，为人类社会带来了翻天覆地的变革。移动互联网的普及让信息得以在全球范围内快速传播和共享，人们可以通过各种设备随时随地接入网络，获取海量的数据内容。社交媒体的兴起更是打破了时空的限制，让人们能够轻松地与亲朋好友保持联系，分享生活点滴，甚至参与全球范围内的话题讨论和社交活动。

大数据技术的发展使企业和组织能够收集、存储和分析庞大的数据。通过对这些数据的挖掘和分析，可以发现隐藏在其中的规律、趋势和价值，为决策提供有力的支持。企业可以通过分析客户的购买行为和偏好数据，制定更加精准的营销策略，提高销售业绩；政府可以通过分析社会经济数据，制定更加科学合理的政策，促进经济发展和社会稳定。

人工智能的出现则让机器具备了一定的智能和学习能力。从语音识别、图像识别到自然语言处理、智能机器人等领域，人工智能技术的应用不断拓展，可以帮助人们完成各种复杂的任务，提高工作效率和质量。智能客服可以为客户提供 24 小时不间断的服务，解答各种问题。智能医疗系统可以辅助医生进行疾病诊断治疗，提高医疗水平。

物联网技术将各种物理设备连接到网络上，实现了设备之间的互联互通和数据共享。从智能家居、智能交通到工业物联网等领域，物联网技术的应用正在改变着人们的生活和生产方式。智能家居系统可以让人们通过手机远程控制家中的电气设备，提高生活的便利性和舒适度；工业物联网可以实现对生产设备的实时监控和管理，提高生产效率和质量。

区块链技术则为数智时代的信任问题提供了一种全新的解决方案。它通过去中心化的分布式账本技术，确保了数据的真实性、安全性和不可篡改。区块链技术的应用可以涵盖金融、供应链、知识产权保护等多个领域。在金融领域，区块链技术可以实现快速、安全的跨境支付和结算；在供应链领域，区块链技术可以追溯产品的来源和流向，确保产品的质量和安全。

数智时代的来临对经济产生了深远的影响。数智技术的发展推动了传统产业的转型升级。制造业、农业、服务业等各个领域都在积极应用数字技术，提高生产效率、降低成本、提升产品和服务质量。智能制造技术的应用让制造业实现了自动化、智能化生产，提高了生产效率和产品质量；数智农业技术的应用让农业生产更加精准、高效，提高了农产品的产量和质量；数智金融技术的应用让金融服务更加便捷、高效，降低了金融服务的成本。

数智技术的发展也催生了许多新兴产业和业态。电子商务、数字娱乐、共享经济、人工智能产业等新兴产业迅速崛起，成为经济增长的新动力。电子商务的发展改变了人们的购物方式，让消费者可以足不出户就能购买到各种商品和服务；数字娱乐产业的发展让人们可以通过各种数字设备享受丰富多样的娱乐内容；共享经济的发展让闲置资源得到了充分利用，提高了资源的利用效率。

数智时代还促进了全球经济的一体化和协同发展。通过互联网和数字技术，企业可以更加便捷地开展跨国贸易和投资，拓展国际市场。同时，数智技术也为全球产业链和供应链的协同合作提供了有力的支持，提高了全球经济的运行效率。跨国企业可以通过数字平台实现全球范围内的生产和销售协同，提高企业的竞争力；全球供应链可以通过物联网技术实现实时监控和管理，提高供应链的稳定性和可靠性。

数智时代的来临对社会产生了广泛而深刻的影响。教育领域数字技术的应用让教育更加个性化、多元化和便捷化。在线教育平台的兴起让学生可以随时随地进行学习，打破了传统教育的时空限制；虚拟现实和增强现实技术的应用让学习更加生动、有趣，提高了学生的学习兴趣和效果。医疗领域数字技术的应用让医疗服务更加精准、高效和便捷。电子病历、远程医疗、智能医疗设备等技术的应用让医生可以更加全面地了解患者的病情，提高诊断和治疗的准确性；同时，患者也可以通过数字平台更加便捷地获取医疗服务，提高就医的效率和体验。

文化领域数字技术的发展让文化传播更加广泛、快速和多样化。数字媒体、网络文学、数字音乐、数字电影等文化产品的出现丰富了人们的精神文化生活；同时，数智技术也为传统文化的保护和传承提供了新的手段和途径。社会治理领域数字技术的应用让社会治理更加精准、高效和智能化。大数据分析、人工智能等技术的应用可以帮助政府更好地了解社会动态和民众需求，制定更加科学合理的政策；同时，数智技术也为社会治安、环境保护等领域的治理提供了有力的支持。

数智时代也带来了一些新的社会问题和挑战。例如，数字鸿沟问题日益凸显，不同地区、不同群体之间在数字技术的应用和获取上存在较大差距；网络安全问题日益严峻，个人信息泄露、网络诈骗等事件时有发生；数智技术的发展也可能导致一些传统行业的就业岗位减少，引发就业压力等问题。数智时代的来临对个人的生活和发展产生了重大影响。数智技术的发展让个人的生活更加便捷、高效和丰富多彩。智能手机、平板电脑等数字设备的普及让人们可以随时随地进行沟通、娱乐、学习和工作；移动支付、在线购物等数字服务的发展让人们的消费更加便捷、快速；数字社交平台的兴起让人们可以更加轻松地与亲朋好友保持联系，拓展社交圈子。

数智技术的发展也对个人的能力和素质提出了更高的要求。数智时代为个人的发展提供了更多的机会和平台，每个人需要具备一定的数字技能和素养，才能更好地适应社会的发展和变化，需要掌握计算机操作、网络应用、信息检索等基本数字技能，也需要具备信息安全意识、数字伦理道德等素养。通过互联网和数字技术，个人可以更加便捷地展示自己的才华和能力，实现自我价值。

二、数智时代社会环境的变化

数智时代社会环境的变化是全面而深刻的，它不仅改变了经济和产业的面貌，也重塑了社会结构和文化形态，同时也给个人带来了新的机遇和挑战。技术创新是数字时代社会环境变化的直接驱动力。云计算、物联网、人工智能等技术的发展，使得数据的收集、存储、处理和分析变得更加高效和智能。这些技术的应用不仅改变了生产方式，提高了生产效率，还在医疗、教育、交通等领域产生了深远影响，推动了社会智能化的发展。

社会环境应对数字时代的来临，经济、文化、技术和社会结构等多个层面发生了许多变化。数字经济的快速发展已经成为推动经济增长的关键因素。随着人工智能、大数据等技术的广泛应用，新的商业模式和产业形态不断涌现。这些变化不仅创造了新的就业机会，也带来了传统行业的转型升级。数字经济的规模不断扩大，对国民经济的贡献率逐年上升，成为经济发展的新引擎。

数智时代促进了文化交流和传播方式的变革。互联网和社交媒体的普及使得信息传播更加迅速和广泛，人们可以更容易地获取和分享知识、文化和娱乐内容。同时，数智技术也促进了文化创新，如数字艺术、在线游戏、虚拟现实等新型文化形式的出现，丰富了人们的精神生活。

数智时代的来临，带来了信息传播方式的巨大变革。在传统社会，信息主要通过报纸、杂志、广播、电视等渠道进行传播，传播速度相对较慢，且信息的覆盖面有限。数智时代互联网成为了信息传播的主要平台。通过互联网，信息可以在瞬间传遍全球。社交媒体、新闻网站、博客等各种网络平台让人们能够随时随地获取最新的资讯。信息的传播不再受时间和空间的限制，人们可以通过手机、平板电脑等移动设备轻松地浏览新闻、分享观点、参与讨论。

信息传播的变革不仅改变了人们获取信息的方式，也对社会产生了深远的影响。信息的快速传播使得公众能够更加及时地了解社会动态、重大事件和政策变化，增强了社会的透明度和民主参与度。信息的过载也给人们带来了困扰，如何筛选和辨别真实、有价值的信息成为了一个重要的问题。数智时代的信息传播还具有互动性强的特点。

数智化转型对社会结构产生了重要影响。数智化促进了社会组织和治理方式的变革，如电子政务、智慧城市等，提高了政府服务的效率和透明度。另外，数字鸿沟问题也日益凸显，不同地区、不同群体在数字技术获取和应用上的差距，这可能导致社会不平等的加剧。

数智时代的社会环境变化也对文化传承与创新产生了深刻的影响。数智技术为文化的传承和创新提供了新的手段和途径。数字博物馆、数字图书馆、数字档案馆等的建设让文化遗产得到了更好的保护和传承。人们可以通过网络平台欣赏珍贵的文物、阅读古籍文献、查看历史档案，了解和感受传统文化的魅力。

数智技术为文化创意产业的发展提供了强大的动力。数字音乐、数字电影、数字游戏、网络文学等新兴文化业态不断涌现，丰富了人们的精神文化生活。同时，数智技术也促进了不同文化之间的交流和融合，推动了文化的创新和发展。然而，数智时代的文化传承与创新也面临一些挑战。数智文化产品的质量参差不齐，一些不良内容会产生负面影响；数智技术的快速发展也可能导致传统文化的边缘化。

数智时代的社会环境发生了巨大的变化，这些变化给我们带来了机遇和挑战。我们需要积极适应数智时代的发展趋势，充分利用数字技术带来的便利和机遇，同时也要应对数字时代带来的各种挑战，努力营造一个更加美好的数字社会。数智时代也深刻影响了个人的生活方式和工作方式。远程工作、在线教育、电子商务等已经成为许多人生活的一部分。人们越来越依赖数字设备和互联网进行沟通、学习和娱乐。个人数据的保护和隐私安全也成为了数字时代的重要议题。

三、数智时代商业环境的变化

在数智时代，商业环境的变化既是挑战也是机遇，企业需要不断创新，适应新环境，才能在激烈的竞争中脱颖而出。数智化时代商业环境正经历着前所未有的变化，深刻地影响着企业的生存与发展。首先，不确定性成为了新常态，企业面临的不再是传统可预测的市场，而是一个充满变数的世界。随着移动互联网技术的普及和智能手机的广泛应用，消费者的行为模式和需求日益多样化且难以捉摸。依靠历史数据来预测未来的传统做法已经不再有效，企业需要学会在高度不确定性的环境中寻找机遇。

数智化时代企业不仅要具备快速响应市场变化的能力，还要善于从不确定性中发现潜在的增长点。企业还需要关注社会责任，倡导可持续发展，以赢得消费者的信任和支持，塑造良好的品牌形象。通过分析社交媒体上的用户反馈，企业可以迅速调整产品设计，满足消费者的即时需求。此外，企业还需培养对未来趋势的预见性，利用大数据和人工智能技术进行预测分析，提前布局未来市场。不确定性虽然带来了挑战，但也为企业提供了广阔的创新空间，促使企业不断创新产品和服务，以适应不断变化的市场需求。

新进入者的涌现和传统边界的模糊化正颠覆着原有的行业格局。数智技术降低了行业门槛，使得许多非传统领域的企业能够轻松进入市场，与既有企业展开竞争。互联网公司凭借其强大的数据处理能力和用户基础，跨界进入金融、零售等多个领域，给传统企业带来了前所未有的压力。与此同时，行业边界变得越来越模糊，跨界合作成为常态。企业不再局限于单一领域的竞争，而是需要在全球范围内寻找合作伙伴，共同开拓新市场。企业必须重新审视自己的核心竞争力，明确自身的定位，积极探索与其他行业融合的可能性。企业通过构建开放的合作生态，可以共享资源，互补优势，共同创造更大的价值。

渠道革命引发的商业模式转变，正在重塑企业的运营方式。随着电子商务的兴起，线上销售已经成为不可逆转的趋势，消费者越来越倾向于通过网络购买商品和服务，这不仅改变了消费者的购物习惯，也迫使企业调整其销售渠道和物流配送系统。企业需要构建线上线下一体化的销售网络，提供无缝衔接的购物体验。与此同时，数字化技术还促进了个性化服务的发展，企业可以通过分析用户的消费记录和行为偏好，为其量身定制产品和服务。这种个性化服务不仅能提高客户满意度，还能增加客户的忠诚度。

数智技术的进步推动了生产效率的大幅提升，同时也为企业带来了新的挑战。随着云计算、大数据、人工智能等技术的应用，企业能够更加高效地处理复杂的数据，优化资源配置，提高生产效率。在制造业中，工业物联网技术使得生产设备之间实现了互联互通，生产过程更加透明可控，大大提高了生产效率。而在服务业中，人工智能技术的应用使得服务变得更加智能化，降低了人力成本。

企业需要平衡技术创新与社会责任之间的关系，技术的进步也导致了就业市场的不稳定性问题。企业既要推动技术进步，也要关注员工的职业发展，通过培训提升员工的技能，帮助他们适应新的工作环境。同时，企业还需要加强数据安全管理，保护用户隐私，避免因数据泄露而引发的信任危机。

共享经济的崛起和发展，标志着商业环境进入了全新的阶段。共享经济模式通过互联网平台将资源供给方和需求方直接联系起来，极大地提高了资源利用率，降低了交易成本。无论是共享单车、共享住宿还是共享办公空间，都在各自的领域内取得了巨大成功。这种模式不仅改变了人们的消费习惯，也为创业者提供了新的机遇。

共享经济也面临着监管难题和公平竞争问题。随着共享经济的兴起，企业需要从卖产品转向卖服务，通过提供租赁、订阅等新型商业模式来满足消费者的需求，这种转变要求企业不断创新，寻求新的盈利模式，并加强与消费者的互动，建立长期稳定的合作关系。政府需要制定相应的法律法规，规范市场秩序，保护各方权益。企业需要承担起社会责任，确保商业模式的可持续发展。

数字经济的发展带来了新的市场趋势，如大零售整合、服务虚拟化、出行革命、社交生活数字化、工业物联网和供应链数字化、数字城镇化等。这些趋势表明，未来的市场将更加依赖于数字技术，企业需要利用这些趋势来开发新的产品和服务，以及探索新的市场机会。企业数智化转型也对供应链管理和企业运营产生了深远影响。通过物联网和自动化技术，企业能够实现更高效的库存管理和物流配送。同时，数智化的供应链提高了透明度和灵活性，使企业能够更好地应对市场波动和需求变化。

第二节　企业数智化转型规划

数智化转型是当前企业面临的一项重大挑战，企业需要制定一个全面的数智化转型规划。规划的起点是对企业现状进行全面诊断，明确转型的方向和目标。这包括对企业现有的信息基础设施、业务流程、组织结构等方面进行深入分析，找出存在的问题和不足之处。在此基础上，企业需要设定清晰的数智化转型目标，这些目标既要有短期可实现的小步快跑里程碑，又要有长远的发展愿景。

企业还需要制定详细的实施路线图，明确各个阶段的任务、所需资源以及预期成果。这一过程需要高层领导的全力支持，以及跨部门的紧密协作，确保所有相关人员都能够理解并参与到转型过程中。此外，企业还需要关注文化层面的转变，倡导创新精神，鼓励员工拥抱变化，为数智化转型奠定坚实的文化基础。

数智化转型规划中，技术选择和技术架构的设计是至关重要的环节。企业应根据自身的业务特点和发展需求，选择最适合的技术方案。这可能意味着需要对现有系统进行升级改造，或是引入全新的技术平台。企业可以选择搭建一个基于微服务架构的云平台，以支持快速迭代和灵活扩展。

企业需要关注新兴技术的应用前景，如人工智能、区块链、物联网等，这些技术有可能为企业带来颠覆性的变革。在技术架构设计方面，企业应注重系统的开放性和兼容性，确保不同系统之间的互联互通，形成一个有机的整体。企业还应加强数据治理工作，建立统一的数据标准和规范，确保数据的一致性和可用性。

企业通过构建一个稳健的技术平台，不仅能够提升内部运营效率，还能够更好地应对市场变化，为客户提供优质的服务体验。数智化转型规划的成功离不开持续的优化和评估机制。企业需要建立一套完整的评估体系，定期检查转型进展，及时调整策略。

企业需要建立一个反馈循环机制，鼓励员工提出改进建议，持续优化业务流程和技术应用。随着技术的不断发展和市场环境的变化，企业还应保持对新技术的关注，适时调整确保自身始终处于技术前沿。在这一过程中，企业还应注重人才培养和引进，构建一支具备数字化技能的专业团队，为企业的持续创新提供人才保障。

一、企业文化的数智化转型

企业文化是企业软实力的重要组成部分，它不仅影响着员工的行为模式和价值观念，也决定了企业的核心竞争力。在数智化转型的过程中，企业文化需要面临深刻的变革。数智化技术的应用促使企业文化的传播方式发生了根本性的改变。传统的文化传播主要依赖于面对面的交流和纸质材料的传递，这种方式效率低下且难以覆盖所有员工。随着移动互联网和社交媒体的普及，企业可以利用这些平台来快速传播文化理念，提高文化传播的效率。

企业可以通过内部社交网络发布文化故事，鼓励员工分享自己的经历和感悟，形成良好的互动氛围。此外，数字化工具还可以帮助企业实现文化的可视化表达，通过视频、动画等形式生动展现企业文化的核心内涵，使员工更容易理解和接受。同时，企业还可以利用数据分析工具来监测文化传播的效果，了解哪些文化元素最受欢迎，哪些需要进一步强化，从而不断优化文化传播策略，增强文化的凝聚力。

数智化转型对企业文化的内涵产生了深远的影响，尤其是对开放性、创新性和灵活性的要求更高。在数智化时代，企业面临的市场环境更加复杂多变，这就要求企业文化能够支持快速响应和持续创新。企业需要构建一种开放包容的文化氛围，鼓励员工自由表达意见，勇于尝试新事物。

企业应注重培养员工的终身学习意识，提供在线学习平台，鼓励员工自主学习新知识、新技能，以适应不断变化的工作需求。此外，企业还需要在组织结构上进行调整，打破传统层级分明的模式，构建更加扁平化的管理架构，促进信息的快速流通和决策的高效执行。企业文化上的转变能够提高企业的灵活性，增强员工的归属感和认同感，为企业持续发展注入源源不断的动力。

数智化技术的应用为企业文化的实践提供了新的平台和工具。企业可以通过虚拟现实和增强现实技术来创建沉浸式的学习体验，让员工在虚拟环境中模拟真实工作场景，提高培训效果。此外，企业还可以利用大数据分析工具来识别员工的行为模式和潜在问题，及时采取措施加以解决。

企业可以通过对员工的工作日志、沟通记录等数据进行分析，发现哪些团队协作不够顺畅，哪些员工存在心理压力，从而有针对性地开展辅导和支持工作。数智化技术还使企业文化的评估变得更加科学和精确。企业可以利用问卷调查、在线测评等方式来收集员工对文化的反馈，通过数据分析得出具体的改进措施。通过这些数字化工具的应用，企业不仅能够更好地落实文化理念，还能在实践中不断丰富和完善企业文化体系。

数智化转型推动了企业文化的国际化进程。随着全球化趋势的加剧，越来越多的企业走向国际市场，面对多元文化的挑战。企业需要构建一种包容性强的文化，尊重不同国家和地区的文化差异，促进全球范围内的交流与合作。数智化技术为此提供了有力支持。企业可以利用在线会议系统、远程协作工具等手段，克服地理障碍，实现跨国团队的有效沟通。企业还可以通过社交媒体平台，向全球员工传播企业文化，增强文化认同感，提高跨国经营的成功率，在全球范围内树立良好的企业形象。

数智化转型对企业文化的传承与发展提出了新的要求。数智化时代企业文化不仅需要继承传统精华，还要不断创新，以适应新时代的要求。企业可以通过数字化平台来记录和保存文化资料，如企业历史档案、重要事件照片等，使之成为企业宝贵的无形资产。同时，企业还可以利用数字化手段来传承文化精神，让更多员工了解企业文化的历史渊源和发展历程。

企业需要注重文化的动态调整，根据市场环境和技术发展变化，适时更新文化理念。企业需要强调数据驱动决策、智能化运营等文化元素，以保持企业的竞争力。通过这些努力，企业不仅能够传承优秀文化基因，还能在数智化转型中不断焕发新的活力，实现文化的持续发展。

二、企业组织的数智化转型

企业组织的数智化转型已成为不可逆转的趋势。随着信息技术的飞速发展和互联网的普及，消费者的行为模式、市场需求以及竞争格局都在发生着深刻的变化。传统企业如果继续沿用旧有的商业模式和管理方式，将难以适应这种变化，数智化转型成为企业寻求突破、提升竞争力的重要途径。

数智化转型不仅是技术层面的革新，更是企业组织架构、运营模式、文化理念等方面的全面变革。它要求企业以用户为中心，利用大数据、云计算、人工智能等先进技术，实现业务流程的优化、产品服务的创新以及决策效率的提升。通过数智化转型，企业能够更好地洞察市场趋势，快速响应消费者需求，从而在激烈的市场竞争中占据有利地位。

企业数智化转型的探索过程中，通过引入先进的数字化技术，重构业务流程，提升运营效率。制造业企业利用物联网技术实现生产设备的远程监控和智能调度，有效降低了生产成本，提高了产品质量。同时，他们还通过大数据分析，精准预测市场需求，实现定制化生产，满足了消费者的个性化需求。

金融、零售、医疗等服务业领域企业数智化转型，利用数智化技术提升服务质量和用户体验。金融行业通过移动支付、在线理财等数字化服务，打破了传统金融服务的时空限制，为消费者提供了更加便捷、高效的金融服务。零售行业则通过线上线下融合的新零售模式，实现了全渠道营销和精准营销，提升了销售业绩。

企业组织架构的全面变革是数智化转型的关键环节。许多员工对新技术和新模式持怀疑态度，缺乏积极参与和配合的动力，使得这种变革往往伴随着巨大的阻力和不确定性。同时，企业内部的利益格局也可能因为数智化转型而发生变化，导致内部矛盾和冲突的产生。数智化转型不仅是技术的更新换代，更是一种思维方式和商业模式的变革，对企业的组织架构产生了深远的影响。

企业数智化转型需要打破传统的层级结构，信息的传递更加迅速和透明，决策过程更加扁平化。企业需要减少管理层级，提高决策效率，以适应快速变化的市场环境。数智化转型强调跨部门协作。数智化技术的应用使得不同部门之间的信息壁垒被打破，企业需要加强跨部门协作，实现资源的优化配置和业务流程的优化。

数智化转型催生了新的业务模式和组织形式，平台型组织、生态型组织等新型组织形式不断涌现，企业需要根据自身的发展战略和业务特点，选择适合的组织形式。数智化转型对人才提出了更高的要求。企业需要拥有具备数字化技能和创新思维的人才，以推动数智化转型的顺利进行。

企业进行组织架构变革之前，必须明确数智化转型的目标和战略。数智化转型的目标应该与企业的长期发展战略相一致，并且具有可衡量性和可操作性。在制定数智化转型战略的过程中，企业应该充分考虑自身的资源和能力，避免盲目跟风。同时，要注重战略的灵活性和适应性，以便在实施过程中根据市场变化及时调整。

企业在数智化时代应该设计适应数智化转型的组织架构，减少管理层级，缩短决策链条。传统的金字塔形组织结构存在着信息传递不畅、决策效率低下等问题。采用扁平化的组织结构，减少中间管理层级，让信息能够更加迅速地传递到决策层，提高决策效率。数智化转型往往需要跨部门的协作和创新，企业可以建立项目团队和跨部门协作机制，打破部门壁垒，实现资源的优化配置和业务流程的优化。

数智化时代市场变化迅速，企业需要建立快速响应市场变化的机制，及时调整产品和服务，满足客户需求。敏捷型组织架构强调灵活性和适应性，能够快速响应市场变化，提高企业的竞争力。敏捷型组织架构需要员工具备创新能力和团队协作精神，能够快速适应变化，共同解决问题。企业可以通过培训、激励等方式，培养员工的创新能力和团队协作精神。

企业需要打造开放的平台生态系统，吸引外部合作伙伴和创新者，共同创造价值。平台型组织架构是一种以平台为核心，连接供需双方，实现资源的优化配置和高效利用的组织形式。建立平台治理机制。平台型组织架构需要建立有效的平台治理机制，确保平台的公平、公正、透明，保护各方的利益。企业可以通过制定平台规则、建立监督机制等方式，建立平台治理机制。

企业应该对现有业务流程进行全面梳理，找出其中的瓶颈和问题，为业务流程再造提供依据，运用数智化技术优化业务流程。数智化技术的应用可以大大优化业务流程，提高效率和质量。企业可以运用大数据、人工智能、物联网等技术，对业务流程进行优化和再造。业务流程再造是一个持续的过程，企业应该建立持续优化的机制，不断改进业务流程，提高企业的运营效率。

企业数智化转型需要建立以数据为驱动的绩效评估体系，通过数据分析和挖掘，客观、准确地评估员工的工作绩效和企业的经营业绩。绩效反馈和沟通是绩效管理的重要环节，企业应该强化绩效反馈和沟通，及时了解员工的工作进展和问题，为员工提供指导和支持。数智化转型需要员工具备创新能力和团队协作精神，企业应该建立激励创新和团队协作的机制，鼓励员工勇于创新，共同解决问题。

数智化转型需要具备数字化技能和创新思维的人才，企业应该加大对这类人才的招聘和培养力度。数智化时代人才的流动性较大，企业需要建立灵活的人才激励机制，吸引和留住优秀人才。可以通过股权激励、薪酬激励、职业发展激励等方式，激励员工为企业创造价值。数智化转型需要创新和学习的文化氛围，企业应该营造鼓励创新、勇于尝试、持续学习的文化氛围，激发员工的创新热情和创造力。

企业需要制订详细的组织架构变革计划，明确变革的目标、步骤和时间表，确保变革的顺利进行。组织架构变革涉及企业的各个部门和员工，企业应该明确变革的责任和任务，确保每个人都清楚自己在变革中的角色和职责。组织架构变革会对员工的工作和生活产生影响，企业应该与员工进行充分的沟通，让员工了解变革的目的、意义和影响，争取员工的支持和配合。组织架构变革需要员工具备新的技能和知识，企业应该开展培训和教育活动，帮助员工提升能力，适应变革的要求。

企业应该建立变革效果评估指标体系，对组织架构变革的效果进行持续监测和评估。根据评估结果进行调整和改进。根据评估结果，企业应该及时调整和改进变革方案，确保变革的效果达到预期目标。

数智化转型企业需要认识到快速变化的市场环境和客户需求和数智化转型对组织架构的影响，明确数字化转型的目标和战略，设计适应数智化转型的组织架构，优化组织流程和管理机制，推动组织架构变革的实施和持续改进，实现可持续发展。

三、企业员工的数智化转型

数智化转型过程中，员工作为企业的核心力量面临着巨大的变革压力，需要进行全面的变革以适应新的发展要求。数智化转型首先要求员工从传统思维向数智化思维转变。员工需要认识到数字技术不仅是工具，更是改变业务模式和提升竞争力的关键。在数智化转型的企业中，员工需要进行全面的变革，包括转变思维模式、提升数字技能、适应新的工作方式、培养创新和创业精神、积极参与企业文化建设等方面，员工才能在数智化转型的浪潮中不断成长和进步，为企业的发展做出更大的贡献。例如，销售岗位员工不能仅仅依赖传统的销售渠道和方法，而要学会利用大数据分析客户需求，通过社交媒体等数字平台进行精准营销。

数智化时代数据是企业的重要资产。企业员工要学会收集、分析和利用数据，以数据为依据做出决策。生产部门的员工可以通过分析设备运行数据，提前预测设备故障，优化生产计划，提高生产效率。数智化转型带来了新的机遇和挑战，员工需要敢于尝试新的技术和方法，提出创新的解决方案。

数智化转型是一个持续的过程，员工需要具备拥抱变化的心态，积极适应新的工作方式和业务流程。随着企业引入新的数字化管理系统，员工可能需要学习新的操作方法和工作流程，不能抵触或抱怨，而要主动适应变化。数智化技术的发展速度非常快，很多员工可能会对新的技术感到陌生和恐惧。员工需要勇敢地面对未知，积极探索和学习。企业应当组织员工参加数字化培训课程，了解最新的技术趋势和应用案例，增强自己的信心和能力。

数智化时代员工需要熟练掌握使用协作平台。随着远程办公和团队协作的增加，员工需要学会使用协作平台，实现文件共享、任务分配、在线会议等功能。项目团队可以通过协作平台实时沟通项目进展，共享文件和资料，提高团队协作效率。数智化时代，网络安全风险日益增加。员工需要具备网络安全意识，保护企业和个人的信息安全。

不同岗位的员工需要根据自身的工作需求，提升相应的专业数字技能。市场营销人员需要掌握数字营销技能，如搜索引擎优化、搜索引擎营销、社交媒体营销等；技术人员需要掌握编程、数据分析、人工智能等技能；管理人员需要掌握数字化领导力、项目管理等技能。

持续学习和自我提升。数字技术的发展日新月异，员工需要保持学习的热情和动力，不断提升自己的数字技能，持续学习和自我提升。

数智化转型使得远程办公和灵活工作成为可能。员工需要适应这种新的工作方式，学会自我管理和时间管理，提高工作效率。员工可以制订详细的工作计划，合理安排工作时间，避免拖延和分心；利用在线协作工具，与同事保持沟通和协作，确保工作进度不受影响。保持良好的沟通和协作。远程办公可能会导致沟通和协作的难度增加，员工需要更加注重沟通的方式和效果。

数智化转型企业通常采用项目制的工作方式，员工需要适应这种工作方式，学会在项目团队中发挥自己的作用。在项目制的工作方式下，团队协作能力至关重要。员工需要学会与不同背景和专业的人合作，发挥各自的优势，实现团队目标。数字化转型企业需要不断创新才能保持竞争力。员工需要培养创新和创业精神，敢于提出新的想法和建议，勇于尝试新的技术和方法。

在数智化时代，客户体验至关重要。企业员工需要关注客户需求和体验，以客户为中心进行创新。员工需要通过利用数字技术市场调研、客户反馈等方式，了解客户的需求和痛点，提出针对性的创新解决方案；与客户进行互动和沟通，收集客户的意见和建议，不断改进产品和服务。员工需要从客户的角度出发，为客户提供个性化的产品和服务，实现快速响应和高效服务，了解客户的行为和偏好，思考如何提升客户体验，为客户提供更加精准的推荐和营销。

数智化转型企业需要形成自己独特的价值观和文化。员工需要理解和认同企业的价值观，将其融入自己的工作中。企业强调创新和客户导向，员工在工作中就要积极创新，关注客户需求，为客户提供优质的产品和服务。员工不仅要自己理解和认同企业价值观，还要积极传播企业价值观，影响身边的人。

企业需要通过制订全面的数字技能培训计划、提供实践机会和项目经验、建立激励机制和职业发展通道、营造数字化学习文化氛围等多种方式，帮助员工提升数字技能，适应数字化转型的时代要求。企业要对员工现有的数字技能水平进行全面评估，可以通过问卷调查、技能测试等方式，了解员工在不同数字领域的掌握程度。结合企业的发展战略和业务需求，确定员工需要提升的具体数字技能领域。

企业可以设立内部数字项目，让员工有机会参与实践。企业可以开展数据分析项目，让员工运用数据分析工具和方法，解决实际业务问题，开展数字营销项目，让员工尝试不同的数字营销渠道和策略。鼓励他们尝试新的技术和方法，为员工提供指导和支持，及时反馈项目进展和成果，让员工看到自己的成长和进步。

企业可以与外部合作伙伴开展数字项目合作，让员工有机会接触到不同的行业和技术。积极与科技公司合作开展人工智能项目，让员工学习和应用人工智能技术，主动与高校合作开展科研项目，让员工参与前沿技术的研究和开发，拓宽员工视野，学习到最新的数字技术和行业趋势，提升自己的团队合作和沟通能力。

企业需要鼓励员工积极提升数字技能，对在数字技能培训中表现优秀的员工进行表彰和奖励，将数字技能水平与员工的绩效考核和薪酬待遇挂钩，激发员工的学习热情和创新能力，激励员工不断学习和进步。为员工建立明确的数字技能职业发展通道。根据员工的数字技能水平和业务能力，设立不同的数字岗位级别和晋升路径，让员工有明确的职业发展目标。

第三节　企业数智化转型战略

企业数智化转型实践需从明确战略方向开始，确立高层支持并与全体员工共享愿景，同时构建一种鼓励创新、容忍失败的企业文化。为了适应快速变化的市场，企业应调整组织结构，简化层级，促进跨部门协作，并重视人才的数字技能培训。企业需要调整其组织结构，简化层级、建立敏捷型团队，并投资于员工的数字技能提升，以确保他们能够适应新的工作模式。企业应当拥抱云计算、大数据分析、人工智能等先进工具，以提高运营效率，并通过数据驱动的方式优化决策流程。此外，积极构建与外部伙伴的合作关系，可以帮助企业更快地获取新技术，开拓新市场，共同创造价值。

企业数智化转型实践需要建立一套完整的反馈体系，定期收集来自客户、员工及其他利益相关者的反馈信息，以此为基础不断调整和优化业务流程。企业应持续监控转型过程中的关键绩效指标，确保各项举措能够有效推动目标达成。数字化转型并非一蹴而就，而是一个需要长期投入和不懈努力的过程。企业通过不断的迭代优化，才能逐步建立起竞争优势，提高对市场变化的敏感度和响应速度，最终实现从传统管理模式向现代化、数据驱动型企业的成功转变。

一、企业产品服务的数智化转型

企业产品服务的数智化转型是一个复杂而长期的过程，需要企业在明确目标与战略、构建数智化产品服务体系、推动技术创新与应用、培养数字化人才队伍和建立数据驱动的决策机制等方面不断努力。通过数智化转型对市场趋势、客户需求以及企业自身的优势和劣势进行深入分析，企业可以提高产品服务的竞争力，满足客户的需求，实现企业可持续发展。

企业必须关注行业的数字化发展趋势。制造业中随着物联网、大数据和人工智能等技术的不断发展，智能工厂、工业互联网等概念逐渐兴起，企业需要紧跟这些趋势，思考如何将数字技术应用到自己的产品和服务中，以提高生产效率、降低成本、提升产品质量和创新服务模式。数智化时代客户的需求更加个性化、多样化和快速变化。企业可以通过大数据分析、市场调研等手段，了解客户的行为模式、偏好和痛点，从而有针对性地进行产品服务的数智化转型。

企业明确了数智化转型目标后，需要制定相应的战略。这可能包括技术投资战略、人才培养战略、合作与并购战略等。构建数智化产品服务体系是企业产品服务数智化转型的核心任务。对于传统的产品企业来说，产品数智化是关键。这可以通过在产品中嵌入传感器、芯片等数字技术，使其具备智能化、互联化的功能。利用数字技术为产品提供增值服务。软件企业通过云服务为客户提供软件的在线更新、数据存储和分析等服务；设备制造商可以为客户提供设备的远程监控、故障诊断和维护等服务。

数智化服务可以极大地提高客户满意度和忠诚度。企业通过建立在线客户服务平台、智能客服系统等，为客户提供快速、便捷的服务。客户可以通过在线平台随时查询订单状态、提出问题和反馈意见，智能客服系统可以实时回答客户的问题，提供解决方案。利用大数据分析和人工智能技术，为客户提供个性化的服务。金融机构可以根据客户的风险偏好和财务状况，为客户提供个性化的投资建议和理财方案；酒店可以根据客户的历史入住记录和偏好，为客户提供个性化的房间布置和服务。

数智化渠道的建设可以拓宽企业的销售和服务范围，提高市场覆盖度。企业可以建立自己的电子商务平台、移动应用等，直接与客户进行交易和互动。同时，利用社交媒体、在线广告等数字营销手段，提高品牌知名度和产品曝光度。整合线上线下渠道，实现全渠道营销和服务。客户可以在网上浏览产品信息、下单购买，然后在实体店取货或享受售后服务；企业可以通过线上渠道收集客户需求，然后在实体店提供个性化的产品和服务。

技术创新是企业产品服务数智化转型的重要驱动力。企业需要不断探索和应用新的数字技术，以提升产品服务的竞争力。企业要设立专门的技术研发部门，投入足够的资金和人力资源，进行数智技术的研发和创新。企业要建立鼓励创新的机制，激发员工的创新热情和创造力。加强与外部创新资源的合作。企业可以与科技公司、创业企业、高校等建立合作关系，共同开展技术创新项目。通过合作，企业可以获取外部的技术和人才资源，加速技术创新的进程。

企业要密切关注新兴技术的发展，及时将其应用于产品服务中。人工智能、区块链、虚拟现实等技术在不同行业都有广阔的应用前景。企业可以利用人工智能技术进行数据分析和预测，优化产品设计和生产流程；利用区块链技术确保数据的安全性和可信度，实现供应链的透明化管理；利用虚拟现实技术为客户提供沉浸式的产品体验和服务。

构建企业数智化产品服务体系的过程中，企业需要采取一系列系统性的策略，以确保服务的高效性、可持续性和市场竞争力。企业应当清晰地定义希望通过数字化转型实现的具体业务目标。明确的目标有助于企业在产品开发过程中保持方向性和针对性，企业应对自身的数字化基础水平进行评估，包括现有的技术设施、人才储备、数据资源等方面。通过评估，企业可以了解自身的数字化基础和存在的问题，为后续的开发工作提供参考。基于明确的目标和评估结果，企业应确定数智化产品和服务的开发方向、选择适合的技术和工具、制订开发计划和时间表等。

企业在构建数智化产品服务体系时，应注重数据驱动和个性化服务的实现。数据驱动是现代服务体系建设的一个重要概念，只有掌握消费者的喜好、兴趣、行为等信息，企业才能针对性地推出产品和服务，满足消费者的需求。同时，企业需要遵守相关的规定和法律，如收集用户数据时一定要遵循用户同意原则，不得采用不当手段收集用户信息。数智化时代的消费者更加个性化，他们期望企业能够根据自己的需求和兴趣来推送信息和服务。个性化服务的实现需要有良好的数据基础和数据分析能力，以及自动化的推送工具和一定的技术支持。

企业在构建数智化产品服务体系时，需要注重信息共享和持续优化。信息共享是指企业内部不同部门的信息共同给予服务部门使用，帮助服务人员了解客户的需求和情况，从而提高服务效率。信息共享需要有一个完整的信息体系，依靠数据中心、数据共享平台等中心化管理手段。企业需要确定数据的收集和使用规则，包括数据权限、安全准入等授权，持续优化则是数字化产品服务体系不可或缺的一环。数智化转型是一个长期迭代的过程，企业在开发数字化产品和服务后，需要持续优化和迭代，以适应市场变化和客户需求的变化。

二、企业业务运营的数智化转型

企业业务运营的数智化转型是一个复杂而系统性的工程，它不仅涉及技术层面的革新，还包括了组织架构、企业文化、战略规划等多方面的深层次变革。企业要成功实现这一转变，需要从战略制定、文化塑造、组织结构调整、技术应用以及持续改进等多个维度入手，形成一个全方位、多层次的转型实践探索。随着技术的发展和业务模式的变化，许多国家和地区都更新了相关的法律法规。企业在进行数字化转型时，必须确保其操作符合这些新的法规要求。

企业领导者需要深入理解数智化的意义，并将其转化为具体的业务目标和发展路径。这包括对现有业务流程的全面审视，识别可以优化或重构的环节，以及确定哪些新兴技术可以用来提升效率和创新能力。高层领导的支持是转型成功的关键，他们不仅要为项目提供必要的资源，还要充当变革的倡导者，确保全体员工都能够理解并支持这一愿景。企业还应建立一套量化的指标体系，用于跟踪转型进度和评估效果，确保战略目标能够得到有效落实。

企业转型要打破传统的层级分明的管理架构，鼓励跨部门协作和信息共享，形成一种以客户为中心的服务理念。企业应致力于培养员工的创新精神，允许他们在工作中尝试新的思路和方法，即使这些尝试可能会带来暂时的失败。为了支持这种文化，企业还需要建立一套全新的激励机制，通过定期培训和学习活动，提升员工的数字素养，使他们能够更好地适应新的工作方式和技术工具。

企业数智化转型需要简化复杂的层级结构，减少不必要的管理层次，加快决策速度和执行效率。积极构建跨职能团队，打破部门间的壁垒，促进不同业务单元之间的协同作业。为了更好地适应市场变化，企业还应考虑实行更加灵活的用工模式，以提高组织的灵活性和响应速度。同时，企业需要重视人才的培养与引进，确保拥有足够的人才储备来支持数字化转型的各项需求。

企业需要通过云计算平台来实现 IT 基础设施的虚拟化和弹性扩展，降低硬件成本的同时提高系统的可用性和可靠性。大数据分析则帮助企业从海量数据中挖掘有价值的信息，为决策提供依据。人工智能技术的应用则可以进一步提升自动化水平，释放人力资源，专注于更高价值的工作。拥抱新技术的同时，企业也需要关注数据安全与隐私保护，确保在享受技术红利的同时不损害用户的权益。

面对当今快速变化的市场环境，企业运营业务的数字化转型已成为不可逆转的趋势。

随着信息技术的迅猛发展，数字化手段正在深刻改变企业的运营方式、决策流程和市场竞争力。数智化转型需要领导层的坚定决心和全力支持。只有领导层充分认识到数智化转型的重要性和紧迫性，才能推动转型工作的顺利进行。数智化转型需要全员参与和协同作战。数智化转型不仅涉及技术层面的变革，还涉及组织架构、文化和管理等方面的变革。

数智化转型首先需要一个清晰的战略规划和强有力的领导支持。成功的企业往往从顶层设计开始，确保转型战略与企业的整体目标和愿景相一致。领导者不仅要推动变革，还要作为变革的代言人，通过积极沟通来减少员工的抵触情绪，增强团队对转型的信心和承诺。此外，领导者还需要具备前瞻性思维，能够预见未来趋势并做出相应的战略调整。

数智化转型过程中，将客户置于中心位置是至关重要的。这意味着企业需要深入了解客户需求，利用数字工具收集和分析客户数据，以便提供更加个性化的产品和服务。企业需要构建一个可扩展、灵活且安全的体系架构来支持新的数字服务和产品。企业应重视数据管理和分析能力的建设，因为数据是数字化转型的重要资产。通过有效的数据治理和分析，企业可以从大量的业务数据中提取有价值的洞察，以指导决策制定。

数智化转型的过程中，持续的创新和快速的迭代是必不可少的。企业需要建立起一套有效的机制来鼓励创新思维，并将这种思维融入产品开发和服务改进中。企业应该采用敏捷开发方法，以小步快跑的方式推出新产品或功能，这样可以快速收集市场反馈并进行必要的调整。在这个过程中，企业还需要学会如何处理和管理失败，将其视为学习和成长的机会。

数智化时代没有哪个企业能够独自完成所有的工作，建立一个强大的合作伙伴网络是至关重要的。这包括与其他企业、初创公司、学术机构以及政府机构的合作。通过合作，企业可以共享资源、技术和市场信息，加速创新过程。通过与科技公司合作，传统企业可以快速获得最新的数字技术；积极与初创企业合作，则可以带来新鲜的视角和创意。

三、企业赋能员工的数智化转型

企业赋能员工进行数智化转型是一项系统工程，需要企业从树立共同愿景、提供培训发展机会、营造工作环境文化、赋予自主权决策权以及持续评估改进等方面入手，全面、系统地推进。只有这样，企业才能充分发挥员工的潜力，实现数智化转型的成功。

企业要成功赋能员工进行数智化转型，首先需要树立一个清晰的共同愿景。这个愿景应该既符合企业的战略发展目标，又能激发员工的内在动力和认同感。企业领导者需要深入理解数智化转型对企业未来发展的重要性，并将其清晰地传达给全体员工。在当今竞争激烈的市场环境中，数智化转型可以帮助企业提高运营效率、降低成本、更好地满足客户需求，从而提升企业的竞争力。通过具体的数据和案例，向员工展示数智化转型为企业带来的实际效益，让员工明白为什么要进行数字化转型。

企业需要明确数智化转型具体、可衡量的目标，设定在一定时间内实现业务流程数字化覆盖率达到一定比例、客户满意度提升到一定水平等目标，让员工清楚地知道数智化转型的方向和努力的目标，从而更好地投入转型工作中。鼓励员工参与到数智化转型的规划和决策过程中。收集员工的意见和建议，让员工感受到自己是数智化转型的重要参与者，而不是被动的执行者。

企业应强调数智化转型对员工个人发展的积极影响，向员工展示数智化技能在未来职业发展中的重要性，以及企业将为员工提供的培训和发展机会。企业可以通过内部培训、外部学习资源推荐等方式，帮助员工提升数字化技能，为员工的职业发展创造更多机会，让员工认识到数智化转型不仅是企业的需要，也是个人成长的机遇，从而激发他们的积极性和主动性。

企业为了赋能员工进行数智化转型，需要提供全面的培训和发展机会，帮助员工提升数字化技能和知识水平，根据员工的不同岗位和技能需求，设计多样化的培训课程。对于管理人员，可以提供数智化领导力培训，帮助他们更好地领导数智化转型团队；对于技术人员，可以提供编程、数据分析、人工智能等专业技能培训；对于普通员工，可以提供办公软件应用、数字沟通技巧等基础培训。

企业采用多种培训方式，包括线上课程、线下培训、实践操作、案例分析等。线上课程可以提供灵活性，让员工根据自己的时间和进度进行学习；线下培训可以提供互动性和实践机会，让员工更好地掌握技能。同时，结合实际案例分析和实践操作，让员工在实际工作中应用所学知识，提高培训效果，为员工提供丰富的数字化学习资源。鼓励员工自主学习，根据自己的兴趣和需求选择学习内容。企业可以建立内部知识库，将数智化转型的相关知识、案例和经验进行整理和分享，方便员工随时查阅和学习。

企业需要结合数智化转型的需求，为员工制定个性化的职业发展规划，明确员工在不同阶段需要掌握的技能和知识。企业可以根据员工的职业发展规划，为他们提供相应的培训和发展机会，帮助他们实现职业目标。提供职业发展指导，为员工提供导师或教练，帮助他们解决在数智化转型过程中遇到的问题和困惑。导师可以是企业内部的资深员工或外部专家，他们可以分享自己的经验和知识，为员工提供指导和建议。

企业需要营造一个支持数智化转型的工作环境和文化，一种鼓励创新、合作和学习的文化氛围，为员工提供数字化工具和资源，促进员工之间的交流与合作。提供先进的数字化办公设备和工具，确保员工能够高效地进行工作，提高工作效率。引入数字化协作平台，如项目管理工具、团队沟通工具、知识管理平台等。促进员工之间的沟通与合作，提高团队协作效率。使用项目管理工具可以让团队成员实时了解项目进度，进行任务分配和协作；使用知识管理平台可以让员工分享和学习知识，提高团队的整体知识水平。

鼓励员工提出新的想法和建议，对创新行为给予支持和奖励。建立创新提案机制，让员工可以随时提交创新想法，企业对优秀的创新提案进行评估和实施，并给予提出者相应的奖励。促进跨部门合作与知识共享。打破部门壁垒，鼓励不同部门的员工之间进行交流与合作。组织跨部门项目团队，让员工在项目中相互学习、共同成长；举办知识分享会、技术交流会等活动，让员工分享自己的专业知识和经验，促进知识的流动和共享。

鼓励员工使用数据来支持自己的决策，提高决策的科学性和准确性。培养员工的数据意识，让员工学会收集、分析和应用数据进行决策。提供数据分析培训，让员工掌握基本的数据分析方法和工具。建立数据驱动的绩效评估体系。将数据指标纳入员工的绩效评估中，激励员工关注数据、运用数据。对于销售人员，可以将客户转化率、销售额等数据指标作为绩效评估的重要依据；对于生产人员，可以将生产效率、质量指标等数据作为绩效评估的标准。通过数据驱动的绩效评估，引导员工更加注重数据的价值，提高工作质量和效率。

数智化转型过程中，企业需要赋予员工一定的自主权和决策权，让员工能够积极主动地参与到转型工作中。鼓励员工提出数字化项目建议，并给予他们一定的资源和支持，让他们进行尝试。企业可以设立数字化创新基金，员工可以申请资金用于开展自己的数字化项目；为员工提供技术支持和指导，帮助他们解决项目中遇到的问题。通过授权员工进行项目尝试，激发员工的创新热情和创造力，同时也为企业的数智化转型带来新的思路和方法。

数智化转型是一个探索和创新的过程，难免会出现失败和错误。企业要建立容错机制，鼓励员工勇于尝试，不要因为害怕失败而不敢创新。对于失败的项目，企业可以组织复盘会议，分析失败的原因，总结经验教训，为下一次尝试提供参考，鼓励员工参与数字化决策过程，邀请员工参与数字化转型的决策过程，听取他们的意见和建议。在制定数字化战略、选择数字化技术和工具等方面，可以组织员工研讨会、问卷调查等活动，收集员工的意见和建议，让员工感受到自己的声音被听到，增强他们的参与感和责任感。建立员工反馈机制，及时了解员工对数智化转型的看法和需求。

企业赋能员工进行数字化转型是一个持续的过程，需要不断地进行评估和改进。通过持续评估，企业可以了解赋能策略的效果，发现存在的问题和不足，及时进行调整和优化。制定明确的评估指标，用于衡量赋能策略的效果。这些指标可以包括员工数字化技能提升情况、员工对数智化转型的参与度和满意度、数字化项目的成果等。

确定评估的频率和方法。企业可以根据实际情况，定期进行评估，如每季度、每半年或每年进行一次评估。评估方法可以包括定量分析和定性分析相结合，数据分析、员工访谈、案例研究等。通过多种评估方法，全面、客观地了解赋能策略的效果。对评估结果进行深入分析，找出赋能策略中存在的问题和不足。根据分析结果，制定改进措施并及时实施。同时，要持续跟踪改进措施的实施效果，确保问题得到有效解决。

第三章

数智企业经营管理沙盘

第一节　认识企业模拟经营管理沙盘

一、企业模拟经营沙盘的由来

沙盘一词源于军事，它采用各种模型来模拟战场的地形及武器装备的部署情况，结合战略与战术的变化来进行推演。这种方法在军事上获得了极大的成功。商场如战场！自从1978年被瑞典皇家工学院的 Klas Mellan 开发之后，ERP 沙盘模拟演练迅速风靡全球。现在国际上许多知名的商学院（如哈佛商学院、瑞典皇家工学院等）和一些管理咨询机构都在用 ERP 沙盘模拟演练，对职业经理人、MBA、经济管理类学生进行培训，以期提高他们在实际经营环境中决策和运作的能力。

20 世纪 80 年代初期，该课程被引入我国，率先在企业的中高层管理者培训中使用并快速发展。21 世纪初用友、金蝶等软件公司相继开发出了 ERP 沙盘模拟演练的教学版，将它推广到高等院校的实验教学过程中。现在，越来越多的高等院校为学生开设了“ERP 沙盘模拟”课程，并且都取得了很好的效果。而我们这本教材中所介绍的是用友公司推出的 ERP 沙盘模拟演练的版本。

目前，沙盘推演已经得到普遍推广，ERP（enterprise resource planning），即企业资源计划沙盘模拟就是其中之一，也就是我们所说的企业模拟经营沙盘实训。

二、企业模拟经营沙盘的用途和特点

企业模拟经营沙盘是一种利用沙盘、道具、系统软件等，模拟企业经营环境的一种工具，具有直观、实际、动态等特点。它可以帮助企业管理层了解企业内部经营环境、熟悉

市场竞争情况、掌握管理决策的影响。因此，在企业管理中，沙盘模拟已经成为一种非常流行的企业管理方式。企业模拟经营沙盘，其用途和特点主要表现为以下几个方面：

1. 模拟实际经营环境企业经营管理沙盘是一种能够模拟企业真实经营环境的工具。通过沙盘模拟，管理层可以更好地了解企业内部的运营，包括财务、人员、物流等方面的情况，同时也了解市场上的竞争情况，从而更清晰地认识到企业在竞争中的优势和劣势，并做出相应的决策调整。

2. 提高决策效率。沙盘模拟是一种可以在较短时间内复杂经营环境下进行决策的有效方式，帮助企业快速做出决策，避免了在实际运营过程中未能及时判断和处理问题的影响。

3. 提高管理决策质量。沙盘模拟不仅以直观形式展现企业运营情况，也帮助管理层从不同的角度和高度分析问题，实现多元思路的汇聚，提高决策的效率和质量。而且，能够在虚拟环境中进行各种明细的试验，不会对实际运营有任何影响，也有利于管理者更好地尝试多种方案，以寻求最优决策方案。

4. 避免风险。沙盘模拟还能帮助企业更好地判断和预测风险，以便在实际业务中开展有效管理。沙盘模拟可以帮助企业管理层查看多种可能性后发展出最佳方案，并在实践过程中获得宝贵的经验教训。总之，企业经营管理沙盘是一种集实际、直观、动态、系统化于一体的企业管理工具，可为企业管理层提供一个更好的商业细胞内部运营情况和市场竞争情况的梳理平台，从而提高管理决策效能，降低风险成本。因而，企业经营管理沙盘被认为是企业管理的神器，目前在各行业中得到广泛应用。

三、模拟企业的背景

企业模拟经营沙盘模拟的是一家生产制造企业。

企业拥有系统设定的初始资金，通过银行融资，可以购买厂房，新建若干条生产线（自动线和柔性线），生产制造 P（P1、P2、P3、P4）系列产品，并且可以通过市场开拓，把产品销售到不同的 5 各市场（本地、区域、内年、亚洲、国际）。

模拟企业会把参加训练的学生分成 6～22 组，每组成员 4～5 人，每组各代表不同的虚拟公司。学生从股东那里得到初始资金（资金数额由指导教师决定），自己决定生产什么样的产品。在经营过程中要面对同行竞争、产品老化、市场单一的情况，公司要如何保持成功及不断成长，是每位成员面临的重大挑战。该实训涉及整体战略、产品研发、设备投资改造、生产能力规划与排程、物料需求计划、资金需求规划、市场与销售、财务经济指标分析、团队沟通与建设等多个方面的内容。在这个训练中，每个小组的成员将分别担任公司中的重要职位（执行总裁、首席财务官、市场总监、生产总监和采购总监等）。每队要亲自经营一家拥有上百万元资产、销售良好、资金充裕的企业，连续从事 6 个会计年度的经营活动。企业模拟经营沙盘实训过程，如图 3－1 所示。

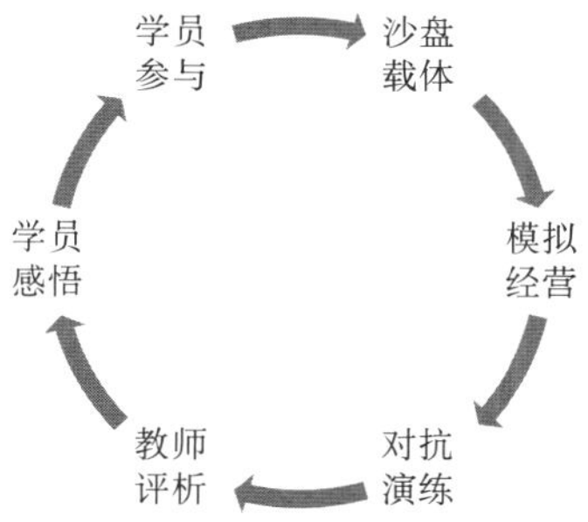

图 3－1　企业模拟经营沙盘实训过程

通过企业模拟经营沙盘对抗，学生要在模拟出来的这几年经营中，在客户、市场、资源及利润等方面进行一番真正的较量。这种模拟有助于学生形成宏观规划、战略布局的思维模式。通过这一模拟，学生可以对生产企业各环节的业务达成一致的理性及感性认识，形成共通的思维模式，形成促进沟通的共同语言。企业模拟经营沙盘对抗可帮助学生站在高层领导的角度认清企业运营状况，建立企业运营的战略视角，了解企业中物流、资金流、信息流如何做到协同统一，认识到 ERP 系统对于提升公司管理的价值；可以帮助学生站在中层经理的角度了解整个公司的运作流程，提高全局和长远策略意识，了解各部门决策对企业业绩产生的影响，同时理解如何用 ERP 系统处理各项业务和由此带来的决策的准确性；可以帮助学生站在一线主管的角度上认识到企业资源的有限性和企业一线生产研发等部门之间的紧密联系，从而提升其策略性思考的能力，提高与下属沟通的技巧；可以帮助学生站在企业员工的角度上从市场、财务、业务、工作流等相关角度深入理解企业资源运营。

第二节　企业经营管理沙盘相关知识

要想顺利操作经营沙盘，我们必须了解相关的知识，在沙盘里，会计知识显得十分重要，它是企业取得良好业绩的基础。

一、资金问题

1. 筹集资金。筹集资金主要有两方面的来源：投资者自有资金和向债权人借入的资金。投资者自有资金主要是现金投资。向债权人借入的资金主要是向金融机构和其他单位借入的资金。这部分资金就形成了负债，包括长期负债和流动负债。

2. 使用资金（主要介绍资金在供、产、销三个过程中是如何变化的）。

（1）供应过程。用货币资金购买各种劳动对象（即材料物资）作为生产储备。

在这个过程中，采购材料经济业务，引起资金发生了如下变化：①实物形态转化：银行存款减少，材料增加。②价值形态转化：货币资金减少，储备资金增加。

（2）生产过程。既是产品的制造过程，又是生产的消耗和新价值的创造过程。即生产资金的形成过程和转化成品资金的过程。

在这个过程中，生产产品的经济业务，引起资金发生了如下变化：①实物形态转化：材料减少，在产品增加；然后在产品减少，库存产成品增加。另外在这个过程中还要支付工资，提取固定资产折旧，还会发生其他费用。②价值形态转化：储备资金减少，生产资金增加。然后再有生产资金减少，成品资金增加。

（3）销售过程。企业把生产的产成品销售给购买单位，并取得销售收入，收回货币资金。

在这个过程中，销售产品的经济业务，引起资金发生了如下变化：①实物形态转化：产成品减少，银行存款增加。②价值形态转化：成品资金减少，结算资金增加；再有结算资金减少，货币资金增加（新增加的产品价值）。

二、会计等式

会计等式亦称会计恒等式或会计平衡公式。表述如下：

$$资产 = 负债 + 所有者权益$$

这个等式表明企业在一定时点上资金运动的相对静止状态。

从企业的一定时期来观察，企业在经营活动中要发生各种费用，也取得各种收入，因而会计平衡公式为：

$$资产 = 负债 + 所有者权益 + 收入 - 费用$$

也可转换为：

$$资产 + 费用 = 负债 + 所有者权益 + 收入$$

企业资金的任何变化，都会表现为数量上的变化。经济业务的发生，会引起企业资金运动发生四种情况的变化：

（1）一种资产增加，同时，另一种资产减少。

（2）一种负债及所有者权益增加，同时，另一种负债及所有者权益减少。

（3）一种负债及所有者权益增加，同时，另一种资产增加。

（4）一种负债及所有者权益减少，同时，另一种资产减少。

这四种情况的变化结果，都不会破坏会计平衡公式。

会计平衡公式及其所反映的经济关系，是建立复工记账法的依据，也是处理经济业务、编制会计分录和编制会计报表的依据。在后面的资产负债表中，可以清晰地看到这种平衡关系。

三、折旧

折旧的方法有直线法和加速折旧法两类，直线法分配的折旧费用在资产使用年限的每一年都是相同的，其他大多数折旧方法都是各种形式的加速折旧法。加速折旧要求在资产使用早期多计提折旧，在资产使用后期少计提折旧。

在资产整个使用年份中，直线法和加速折旧法的折旧总额是相同的。直线折旧的方法只有一种，而加速折旧法有多种，每种计算的结果稍有差异。当然，使用的折旧方法会在财务报表的附注中披露。

直线法。直线法下资产使用年限中每一年确认的折旧费用占资产成本的比率相同。

年度折旧费用的计算是资产成本减去估计残值后剩余的应计折旧成本除以估计使用年限。公式如下：

年度折旧费用 = （成本 - 估计残值）/使用年限

资产的使用年限中加速折旧率保持不变，这一比率就是定率余额法中的“定律”，账面价值（成本减累计折旧）每年递减，就是所说的“余额递减”。

我们有时将加速折旧率设定为直线折旧率规定的某个比率，通常这个规定比率是200%，加速折旧率正好是直线折旧率的200%，所以这一加速折旧法又叫余额递减法（或200%余额递减法）。

四、报表

（一）利润表

1. 利润表的结构。

概念。利润表是反映企业在一定会计期间的经营成果情况的会计报表。编制利润表要依据如下公式：

纯收入 = 销售收入 - 产品销售成本

产品销售利润 = 纯收入 - 产品销售税金 - 产品销售费用

销售利润 = 产品销售利润 + 其他销售利润 - 管理费用 - 财务费用

最终财务成果（利润总额）= 销售利润 + 投资净收益 + 营业外收入 - 营业外支出

税后利润 = 利润总额（税前）- 所得税

税后利润按一定比例提取盈余公积金，向投资者分配利润等。还有一部分继续投入生产经营过程中。

2. 利润表（见表3－1）。

表3－1　　　　利润表

项目	上年数	本年数
销售收入		
直接成本		
毛利		
综合费用		
折旧前利润		
折旧		
支付利息前利润		
财务收入/支出		
其他收入/支出		
税务前利润		
所得税		
净利润		

（二）资产负债表

1. 资产负债表的结构。资产负债表是总括反映企业在某一特定日期资产、负债和所有者权益及其构成情况的会计报表。

资产负债表依据“资产＝负债＋所有者权益”的会计恒等式设置和编制。

资产负债表分为基本内容和补充资料两部分。

其基本内容通常采用左、右对照的账户式报表结构。其中，报表左方列示资产项目，报表右方列示负债项目和所有者权益项目。

报表左方合计数等于报表右方合计数。即资产总额等于负债和所有者权益总额合计，该报表结构的特点在于突出报表项目的平衡关系。

2. 资产负债表（见表3－2）。

表3－2　　　　资产负债表

资产	期初数	期末数	负债和所有者权益	期初数	期末数
流动资产：			负债：		
现金			长期负债		
应收账款			短期负债		
在制品			应付账款		
成品			应交税金		
原料			一年内到期的长期负债		
流动资产合计			负债合计		
非流动资产：			所有者权益：		

续表

资产	期初数	期末数	负债和所有者权益	期初数	期末数
土地和建筑			股东资本		
机器与设备			利润留存		
在建工程			年度净利		
非流动资产合计			所有者权益合计		
资产总计			负债和所有者权益总计		

第三节 企业经营管理沙盘规则

企业的正常经营涉及筹资、投资、生产、营销、研发、物流等各个方面，受到来自各个方面条件的制约，企业要不断地提升自我赢得竞争，就必须熟练地掌握市场规则，并将其熟练的运用。所以在模拟经营决策之前，应该熟练掌握以下运营规则。

1. 生产线（见表 3－3）。

表 3－3　　生产线

生产线	购置费	安装周期	生产周期	转产费	转产周期	维修费	残值
手工线	5	无	3Q	0W	无	1W/年	1W
半自动	10W	2Q	2Q	1W	1Q	1W/年	2W
自动线	15W	3Q	1Q	2W	1Q	1W/年	3W
柔性线	20W	4Q	1Q	0W	无	1W/年	4W

不论何时出售生产线，价格为残值，净值与残值之差计入损失；只有空生产线方可转产；当年建成生产线需要交维修费。

2. 折旧（平均年限法），见表 3－4。

表 3－4　　折旧

生产线	购置费	残值	建成第 1 年	建成第 2 年	建成第 3 年	建成第 4 年	建成第 5 年
手工线	5W	1	0	1	1	1	1
半自动	10W	2	0	2	2	2	2
自动线	15W	3	0	3	3	3	3
柔性线	20W	4	0	4	4	4	4

3. 融资（见表 3－5）。

表 3－5 融资

贷款类型	贷款时间	贷款额度	年息	还款方式
长期贷款	每年年初	和为权益 3 倍	10%	年初付息，到期还本，10 倍数
短期贷款	每季度初		5%	到期一次还本付息，20 倍数
资金贴现	任何时间	视应收款额	1/8（3 季、4 季），1/10（1 季、2 季）	变现时贴息
库存拍卖	原材料八折，成品原价			

4. 厂房（见表 3－6）。

表 3－6 厂房

厂房	买价	租金	售价	容量	厂房出售得到 4 个账期的应收款，紧急情况下可厂房贴现，直接得到现金。
大	40W	5W/年	40W	6	
小	30W	3W/年	30W	4	

厂房租入后，一年后可做组转买、退租等处理，续租系统自动处理。

5. 市场准入（见表 3－7）。

表 3－7 市场准入

市场	开发费	时间	开发费用按开发时间在年末平均支付，不允许加速投资。市场开发完成后，领取相应的市场准入证。
本地	无	1	
区域	1W/年	1	
国内	1W/年	2	
亚洲	1W/年	3	
国际	1W/年	4	

6. 资格认证（见表 3－8）。

表 3－8 资格认证

认证	ISO9000	ISO14000	平均支付，认证完成后可以领取相应的 ISO 资格证。可中断投资。
时间	2 年	2 年	
费用	1W/年	2W/年	

7. 产品物料清单（见表 3－9）。

表 3－9 产品物料清单

名称	开发费用	开发周期	加工费	直接成本	产品组成
P1	1W/季	2 季	1W	2	R1

续表

名称	开发费用	开发周期	加工费	直接成本	产品组成
P2	1W/季	4 季	1W	3	R1 + R2
P3	1W/季	6 季	1W	4	R1 + R3 + R4
P4	2W/季	6 季	1W	5	R2 + R3 + 2R4

8. 原料设置（见表 3－10）。

表 3－10　　原料设置

名称	购买价格	提前期
P1	1W/个	1 季
P2	1W/个	1 季
P3	1W/个	2 季
P4	1W/个	2 季

9. 紧急采购，付款即到货，原材料价格为直接成本的 2 倍；成品价格为直接成本的 3 倍。

10. 选单规则：上年销售额最高（无违约）优先；其次看本市场本产品广告额；再看本市场广告总额；再看市场销售排名；如仍无法决定，先投广告先选单。

11. 破产标准：现金断流或权益为负。

12. 第 1 年无订单。

13. 交单可提前，不可推后，违约收回订单并扣违约金。

14. 库存折价拍价，生产线变卖，紧急采购，订单违约记入损失。

第四节　组建模拟企业

一、组建高效的团队

在沙盘对抗实训中，要将所有的学生分成若干个团队，团队就是由少数有互补技能、愿意为了共同的目的、业绩目标和方法而相互承担责任的人们组成的群体。而在每个团队中，各学生分别担任重要职位，包括 CEO、财务总监、营销总监、生产总监和采购总监等。在经营过程中，团队的合作是必不可少的。要想打造一支高效的团队，应注意以下几点：

（一）有明确的共同目标

团队必须共同发展，并且要共同完成一个目标，这个目标可以使团队的成员向相同的方向努力，能够激发每个团队成员的积极性，并且使队员行动一致。团队要将总体的目标分解为具体的、可度量的、可行的行动目标。这些具体的目标和总体目标要紧密结合，并且要根据情况随时相应的修正。比如团队确立了自己六年发展的总目标，还要分解到每一年和每一季度具体如何运营。

（二）确保团队成员互补的能力

团队必须发展一个完善的能力组合，比如担任财务总监的成员就要比较细心，对财务的相关知识有一定的了解，而担任 CEO 职务的人就应该具备比较强的协调能力和组织能力等。

（三）有一位团队型领导

在经营过程中需要做出各种决策，这就需要 CEO 能够统领全局，协调各部门之间的关系，充分调动起每个学生的积极性，还要能够作出正确的决策。要成为一个高效、统一的团队，团队领导就必须学会在缺乏足够的信息和统一意见的情况下及时做出决定，果断的决策机制往往是以牺牲民主和不同意见为代价而获得的。对于团队领导而言，最难做到的莫过于避免被团队内部虚伪的和谐气氛所误导，并采取种种措施，努力引导和鼓励适当的、有建设性的良性冲突。将被掩盖的问题和不同意见摆到桌面上，通过讨论和合理决策将其加以解决，否则的话，将对企业的发展造成巨大的影响。

（四）履行好各自的责任

各学生应该按照自己的职位职责进行经营活动，而且应该把自己的工作做好。比如采购总监就应该负责原材料的采购，如果出现差错，直接会影响到以后的生产，而生产的产品数量又影响到交单的情况。所以一个小环节的疏漏，可能会导致满盘皆输。

此外，作为团队中的一员，首先要尊重别人。法国哲学家罗西法古曾说过：“如果你要得到仇人，就表现得比你的朋友优越；如果你要得到朋友，就要让你的朋友表现得比你优越。”当我们让朋友表现得比他们还优越时，他们就会有一种被肯定的感觉；但是当我们表现得比他们还优越时，他们就会产生一种自卑感，甚至对我们产生敌视情绪。因为谁都在自觉不自觉地强烈维护着自己的形象和尊严，因此我们要给予对方充分的尊重。其次要能够接受批评，从批评中寻找积极成分。如果团队成员对你的错误大加抨击，即使带有强烈的感情色彩，也不要与之争论不休，而是从积极方面来理解他的抨击。这样，不但对你改正错误有帮助，也避免了语言敌对场面的出现。最后要善于交流，同在一个团队，我们与其他团队成员之间会存在某些差异，知识、能力、经历造成我们在对待和处理问题时，会产生不同的想法。交流是协调的开始，把自己的想法说出来，听对方的想法，我们要经常说这样一句话："你看这事该怎么办，我想听听你的看法。"总之，作为一名员工应该以自己的思想感情、学识修养、道德品质、处世态度、举止风度，做到坦诚而不轻率，谨慎而不拘泥，活泼而不轻浮，豪爽而不粗俗，一定可以和其他团队成员融洽相处，提高自己团队作战的能力。

二、职能定位

在模拟企业中主要设置五个基本职能部门（可根据学生人数适当调整），其主要职责，如表 3－11 所示。

表 3－11　　各职位职责明细

CEO	财务总监 CFO	营销总监 CSO	生产总监 COO	采购总监
制定发展战略	日常财务记账和登账	市场调查分析	产品研发管理	编制采购计划
竞争格局分析	向税务部门报税	市场进入策略	管理体系认证	供应商谈判
经营指标确定	提供财务报表	品种发展策略	固定资产投资	签订采购合同
业务策略制定	日常现金管理	广告宣传策略	编制生产计划	监控采购过程
全面预算管理	企业融资策略制定	制订销售计划	平衡生产能力	仓储管理
管理团队协同	成本费用控制	争取订单与谈判	生产车间管理	采购支付抉择
企业绩效分析	资金调度与风险管理	按时交货	成品库存管理	与财务部协调
管理授权与总结	财务分析与协助决策	销售绩效分析	产品外协管理	与生产部协同

各组学生可以根据自己的专长选择不同的职能部门，当人数较多时，可设置各助理职位，如财务助理等。

三、公司成立及 CEO 就职演讲

（一）公司命名

在公司成立之后，每个小组要召开第一次员工大会，大会由 CEO 主持。在这次会议中要为自己组建的公司命名。公司名称对一个企业将来的发展而言至关重要，因为公司名称它不仅关系到企业在行业内的影响力，还关系到企业所经营的产品投放市场后，消费者对本企业的认可度；品牌命名或公司名称过程符合行业特点、有深层次的文化底蕴、是广大消费者熟知的、再也找不到第二名称时，企业的竞争力就明显的区别于行业内的企业，为打造知名品牌奠定了基础。因此各小组要集思广益，为自己的企业起一个响亮的名字。

（二）确定企业使命

企业使命英文表示为MISSION，在企业远景的基础之上，具体的定义企业在全社会经济领域中所经营的活动范围和层次，具体的表述企业在社会经济活动中的身份或角色。它包括的内容为企业的经营哲学，企业的宗旨和企业的形象。在第一次员工大会上，学生还要集体讨论确定企业的宗旨和企业形象等问题。

（三）CEO就职演讲

小组讨论结束后，由CEO代表自己的公司进行就职演讲，阐述一下自己公司使命与目标等，为下一步具体经营管理企业打下良好的基础。

第四章
数智企业经营管理沙盘实战

第一节　数智企业经营管理沙盘任务操作

一、模拟企业的运营流程及操作指南

沙盘基于用友新道新创业者沙盘系统5.0版。具体操作分为系统管理员端、教师端与学生端。教师端由授课老师操作，主要负责创建教学班、指定教师权限、教学班初始化设置以及广告开单。学生端由各分组学生操作，进行六年的运营。

（一）系统管理员端

1. 启动系统新道新创业者沙盘系统后，在浏览器中输入IP+端口，如127.0.0.1:8081，运行即可。以管理员身份登录，用户名为admin，密码为1，如图4-1所示。

登录后显示管理员端功能菜单：创建教学班、老师管理、权限管理、数据备份，如图4-2所示。

2. 创建教学班。管理员端点击“创建教学班”图标，显示弹出框。在“请输入教学班名称”后的编辑框内输入教学班名称。点击创建。弹出提示框，教学班创建成功，如图4-3所示。

3. 教师管理，如图4-4所示。

管理员端点击“教师管理”图标，显示弹出框。将鼠标移动到最上方用户名、密码后的编辑框内，输入新增的用户名、密码，点击添加用户。添加老师成功，如图4-5所示。

4. 权限管理。管理员端点击“权限管理”菜单，显示弹出框。选择“老师”“教学班”，点击确定，下方显示该老师担任的教学班名称列表，如图4-6所示。

图 4－1 用户登录界面

图 4－2 管理员端功能菜单

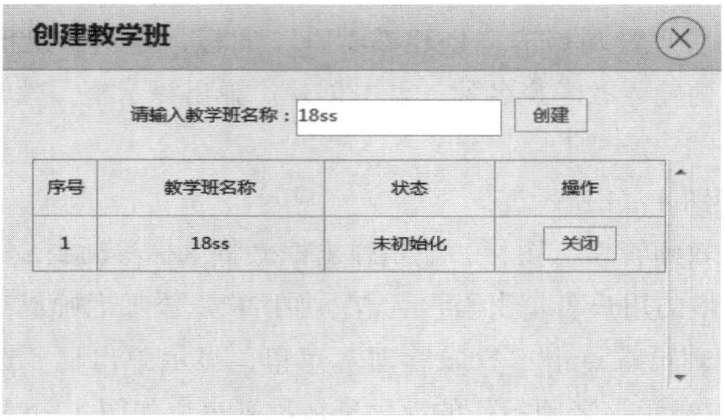

图 4－3 创建教学班界面

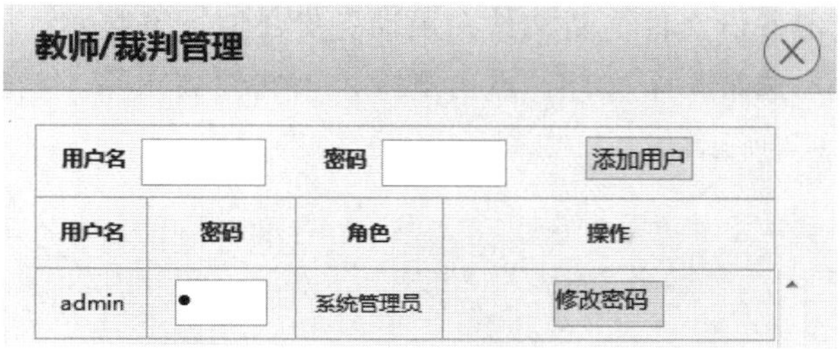

图 4-4　教师/裁判管理界面

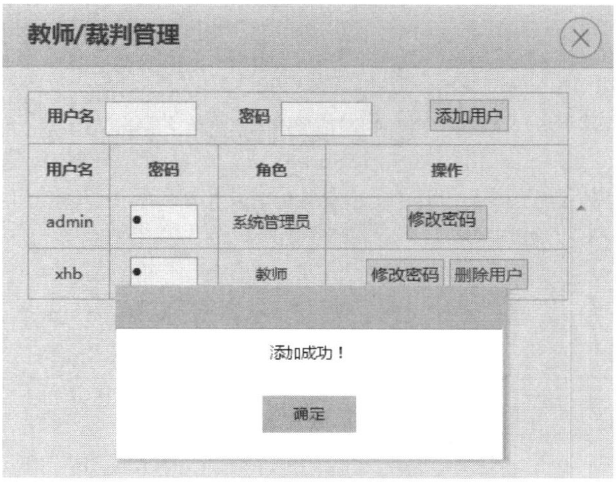

图 4-5　教师/裁判管理界面

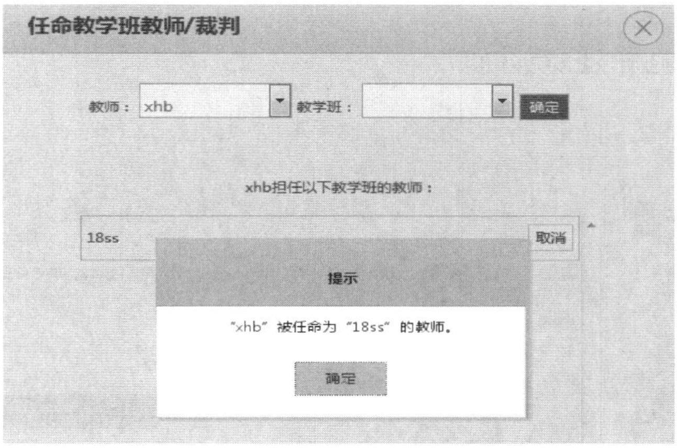

图 4-6　任命教学班教师/裁判界面

5. 数据备份。数据备份用于教学班一次性备份，利于保存同期开课的教学班数据及存档。

管理员端点击“数据备份”菜单，显示弹出框。数据备份文件后有默认的文件名，可以点击进行编辑，点击备份文件。新文件在手动备份还原下方显示。点击项目反选可以选择全部文件或取消。勾选某一个文件，点击删除，该文件被删除。点击文件还原可以还原该备份文件，如图 4－7 所示。

图 4－7　数据备份界面

（二）教师端

1. 登录：教师根据管理员设定的用户名和密码登录，如图 4－8 所示。

图 4－8　用户登录界面

2. 初始化设置。初始化设置用于每个教学班的规则初始化，灵活选择实训规则和市场订单，如图 4－9 所示。

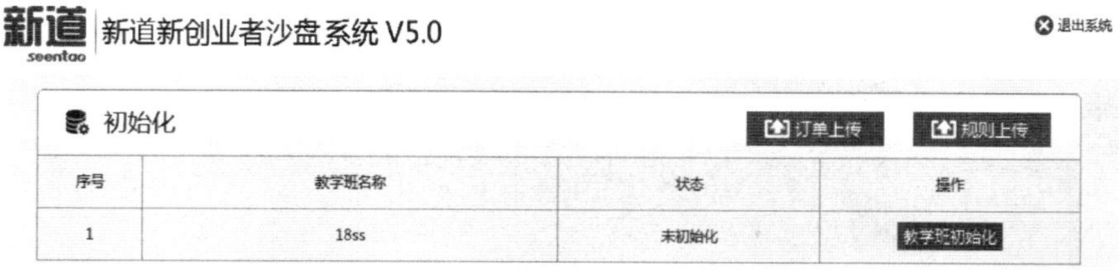

图 4－9　初始化设置界面

老师端点击用户登录后，进入初始化设置界面。未初始化的教学班状态不同，且操作栏有教学班初始化按钮。点击初始化，显示参数弹出框。在客户端也可以通过【订单上传】【规则上传】功能上传订单到服务器，如图 4－10 所示。

图 4－10　初始化界面

在编辑框内编辑用户前缀、队数等信息，选择订单方案、规则方案，设置参数表中各信息，点击确定，弹出提示框：初始化成功。

选择要管理的教学班，点击教学班名称，进入教学班。订单规则可以通过【预览】按钮进行预览，如图 4－11 所示。

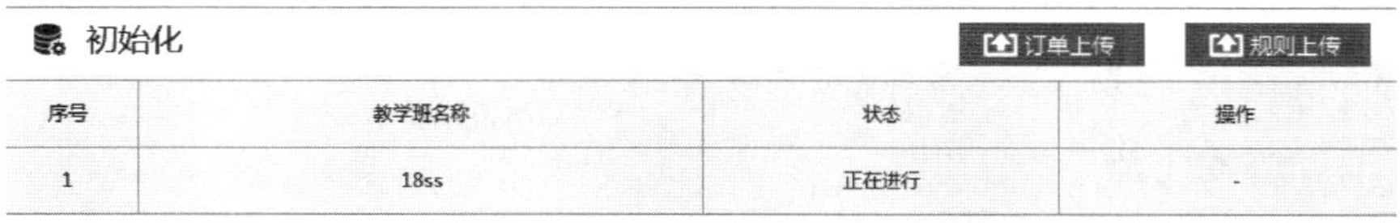

图 4－11　提示框

3. 查询每组经营信息。点击主页面上方学生组号，如 ss01。主页面中间区域显示该组各项经营信息，包括公司资料、库存采购信息、研发认证信息、财务信息、厂房信息、生产信息，如图 4－12、图 4－13 所示。

图 4－12　用户信息界面

图 4－13　经营信息界面

4. 公司资料。点击学生组号后默认显示公司资料页签，如图 4－14 所示。

图 4－14　公司资料页签界面

（1）还原本年。点击公司资料下“还原本年”，弹出提示框，点击“确定”，会将该学生组的经营回退到当年季年重新开始经营。

（2）还原本季。点击公司资料下“还原本季”，弹出提示框，点击“确定”，会将该学生组的经营回退到当年季初重新开始经营。

（3）修改密码。点击公司资料下“修改密码”，显示弹出框，在新密码后面的编辑框内输入改后的密码，点击确认即完成修改，如图 4－15 所示。

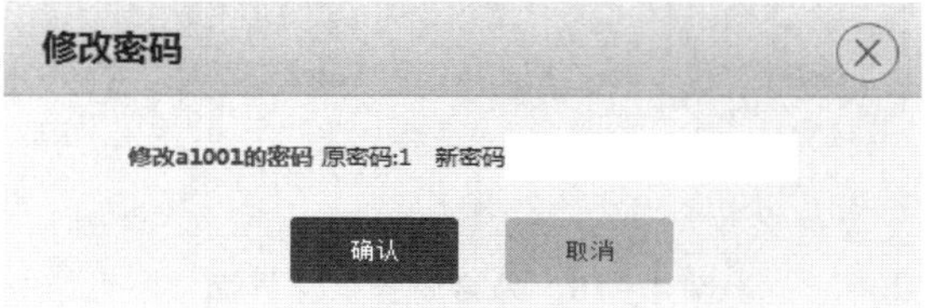

图 4－15　修改密码界面

（4）追加资本。点击公司资料下“追加资本”，显示弹出框，在注入金额后编辑框内输入要增加的金额数字，选择注资类别“特别贷款”或“股东注资”，点击确认即完成用户融资，如图 4－16 所示。

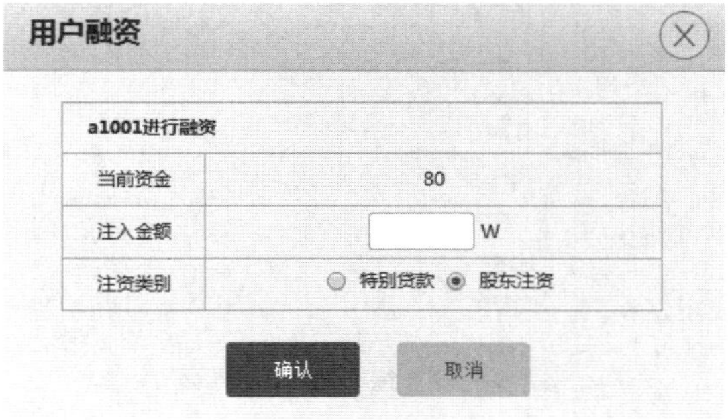

图 4－16　用户融资界面

（5）修改状态。点击公司资料下“修改状态”，显示弹出框，显示该用户的当前经营状态，点击拟修改状态后面的下拉框，选择“未运营”“正在运营”或“破产”，点击确认即完成用户经营状态修改，如图 4－17 所示。

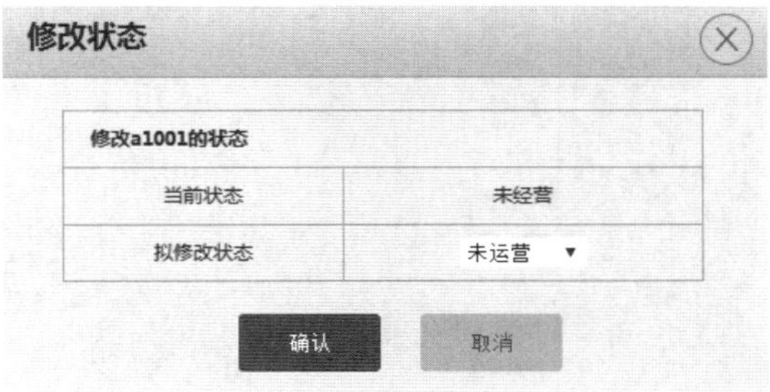

图 4－17　“修改状态”弹出框

（6）综合财务。点击公司资料下“综合财务”，显示弹出框，用于查阅该学生组当年经营的主要财务信息项，如图 4－18 所示。

综合财务信息

综合财务表			
贴息	0W	利息	0W
销售收入	0W	设备维护费	0W
转产费	0W	租金	0W
管理费	0W	广告费	0W
信息费	0W	其他	0W
直接成本	0W	ISO认证资格	0W
产品研发	0W	市场准入开拓	0W

图 4－18　综合财务信息界面

（7）综合费用。点击公司资料下“综合费用表”，显示弹出框，用于显示查阅该学生组每年经营的综合费用表，如图 4－19 所示。

综合费用表

第01年a1001综合费用表汇总	
项目 / 年度	第1年
类型	系统
管理费	0
广告费	0
设备维护费	0
转产费	0
租金	0
市场准入开拓	0

图 4－19　综合费用表界面

（8）利润表。点击公司资料下“利润表”，显示弹出框，用于显示查阅该学生组每年经营的利润表，如图 4－20 所示。

利润表

第01年a1001利润表汇总	
项目 / 年度	第1年
类型	系统
销售收入	0
直接成本	0
毛利	0
综合管理费用	0
折旧前利润	0
折旧	0
支付利息前利润	0
财务费用	0

图 4－20　利润表界面

（9）资产负债表。点击公司资料下“资产负债表”，显示弹出框，用于显示查阅该学生组每年经营的资产负债表，如图 4－21 所示。

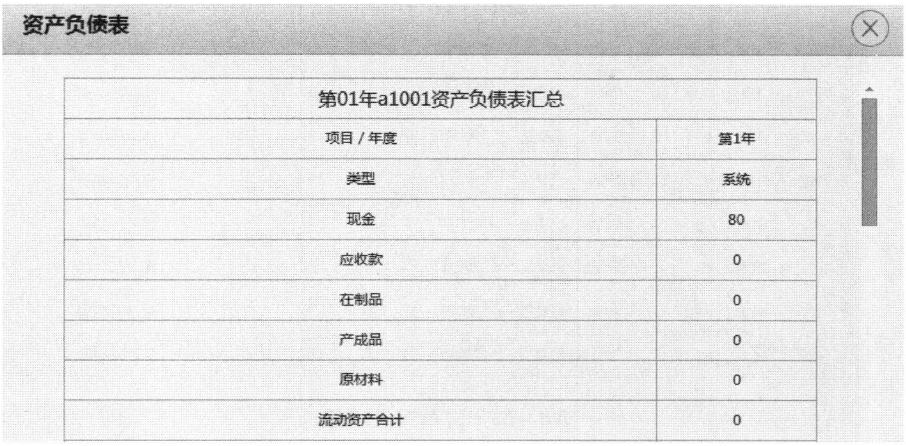

资产负债表

第01年a1001资产负债表汇总	
项目 / 年度	第1年
类型	系统
现金	80
应收款	0
在制品	0
产成品	0
原材料	0
流动资产合计	0

图 4－21　资产负债表界面

（10）现金流量表。点击公司资料下“现金流量表”，显示弹出框，用于显示查阅该学生组每年经营的现金流量表，如图 4－22 所示。

用户现金流量表

a801现金流量表

ID	动作	资金	剩余	时间	备注
1	紧急采购	-9W	7376W	第2年第4季	紧急采购支付
2	初始化资本金	8000W	8000W	第1年第1季	
3	长贷	14W	8014W	第1年第1季	长贷
4	长贷	14W	8028W	第1年第1季	长贷
5	厂房购买	-30W	7998W	第1年第1季	花费30W购买大厂房(6919)
6	厂房租用	-4W	7994W	第1年第1季	花费4W租用大厂房(6925)
7	厂房购买	-30W	7964W	第1年第1季	花费30W购买大厂房(6932)
8	新建生产线	-5W	7959W	第1年第1季	新建自动线(6956),花费5W
9	新建生产线	-5W	7954W	第1年第1季	新建自动线(6961),花费5W
10	新建生产线	-5W	7949W	第1年第1季	新建自动线(6965),花费5W

图 4－22　用户现金流量表界面

（11）订单列表。点击公司资料下“订单列表”，显示弹出框，用于显示查阅该学生组每年的市场订单以及订单的完成状态以及完成时间，如图 4－23 所示。

订单列表

a801订单列表										
订单编号	市场	产品	数量	总价	状态	得单年份	交货期	账期	ISO	交货时间
8-0024	本地	P2	4	26W	已交货	第2年	4季	1季	-	第2年第4季
8-0031	本地	P3	2	20W	已交货	第2年	4季	2季	-	第2年第4季
8-0025	本地	P2	3	19W	已交货	第2年	4季	2季	-	第2年第4季
8-0038	本地	P4	1	13W	已交货	第2年	4季	2季	-	第2年第4季
8-0032	本地	P3	2	20W	已交货	第2年	4季	2季	-	第2年第4季
8-0074	区域	P4	2	22W	已交货	第2年	4季	3季	-	第2年第4季
8-0065	区域	P3	3	27W	已交货	第2年	4季	3季	-	第2年第4季

图 4-23　订单列表界面

（12）导出 Excel。点击公司资料下“导出 Excel”，显示弹出框下载，用于将该学生组的各项经营信息导出成 Excel 格式查阅保存，默认文件名为组号 + 时间。导出后，点开可查询各项经营表格，如图 4-24 所示。

	A	B	C	D	E	F	G	H	I	J
1	综合费用表									
2		年度	第1年	第1年	第2年	第2年	第3年	第3年	第4年	第4年
3		类型	系统	用户	系统	用户	系统	用户	系统	用户
4		管理费	4	4	4	4	4	0	4	0
5		广告费	0	0	18	18	27	0	99	0
6		设备维护费	18	18	22	22	24	0	24	0
7		转产费	0	0	2	2	0	0	0	0
8		租金	4	4	4	4	4	0	4	0
9		市场准入开拓	5	5	3	3	2	0	0	0
10		产品研发	13	13	1	1	0	0	0	0
11		ISO认证资格	3	3	3	3	0	0	0	0
12		信息费	0	0	9	22	4	0	73	0
13		其他	0	0	0	0	0	0	0	0
14		合计	47	47	66	79	65	0	204	0
15	利润表									
16		年度	第1年							
17		类型	系统							
18		销售收入	0							
19		直接成本	0							
20		毛利	0							
21		综合管理费用	47							
22		折旧前利润	-47							
23		折旧	0							
24		支付利息前利润	-47							
25		财务费用	0							
26		税前利润	-47							
27		所得税	0							
28		净利润	-47							
29	资产负债表									

企业信息 / 库存信息 / 银行贷款 / 研发认证 / 厂房与生产线 / 订单信息 / 现金流量表 / 企业财务报表

图 4-24　导出 Excel

5. 库存采购信息。点击学生组号下的“库存采购信息”页签，显示该学生组的原料订购、原料库存、产品库存信息，如图 4－25 所示。

原料订购

名称	数量	剩余时间	订购时间
无经营数据			

原料库存

名称	数量	购买价格
R4	4	1W
R2	27	1W
R3	11	1W
R1	34	1W

产品库存

名称	数量	直接成本
P3	7	4W
P2	2	3W
P4	10	5W

图 4－25　库存采购信息

6. 研发认证信息。点击学生组号下的“研发认证信息”页签，显示该学生组的市场开拓、产品研发、ISO 认证信息，如图 4－26 所示。

市场开拓

名称	开拓费	周期	剩余时间	完成时间
亚洲	1W	3年	-	第3年4季
区域	1W	1年	-	第1年4季
国际	1W	4年	1年	-
本地	1W	1年	-	第1年4季
国内	1W	2年	-	第2年4季

产品研发

名称	研发费	周期	剩余时间	完成时间
P2	1W	3季	-	第1年3季
P1	1W	2季	-	第1年2季
P3	1W	4季	-	第1年4季
P4	1W	5季	-	第2年1季

ISO认证

名称	认证费	周期	剩余时间	完成时间
ISO14000	2W	2年	-	第2年4季
ISO9000	1W	2年	-	第2年4季

图 4－26　研发认证信息

7. 财务信息。点击学生组号下的“财务信息”页签，显示该学生组的应收账款、长期贷款、短期贷款、特别贷款信息，如图 4－27 所示。

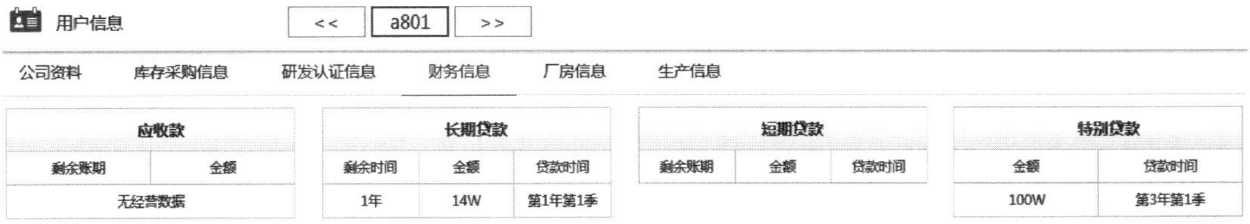

应收款

剩余账期	金额
无经营数据	

长期贷款

剩余时间	金额	贷款时间
1年	14W	第1年第1季

短期贷款

剩余账期	金额	贷款时间

特别贷款

金额	贷款时间
100W	第3年第1季

图 4－27　财务信息

8. 厂房信息。点击学生组号下的“厂房信息”页签，显示该学生组的厂房信息，如图 4－28 所示。

ID	名称	状态	容量	购价	租金	售价	最后付租	置办时间
6932	大厂房	购买	4	30W	4W	30W	-	第1年第1季
6925	大厂房	购买	4	30W	4W	30W	-	第1年第1季
6919	大厂房	租用	4	30W	4W	30W	第4年第2季	第1年第1季

图 4－28　厂房信息

9. 生产信息。点击学生组号下的“生产信息”页签，显示该学生组的生产线信息，如图 4－29 所示。

ID	名称	厂房	产品	状态	开建时间	累计投资	开产时间	转产时间	剩余时间	建成时间
0264	自动线	大厂房	P2	空闲	第2年第1季	15W	-	-	-	第2年第4季
7005	自动线	大厂房	P4	空闲	第1年第1季	15W	-	-	-	第1年第4季
7046	自动线	大厂房	P4	空闲	第1年第1季	15W	-	-	-	第1年第4季
6965	自动线	大厂房	P4	空闲	第1年第1季	15W	-	-	-	第1年第4季
6989	自动线	大厂房	P3	空闲	第1年第1季	15W	-	-	-	第1年第4季
6961	自动线	大厂房	P2	空闲	第1年第1季	15W	-	-	-	第1年第4季
6980	自动线	大厂房	P3	空闲	第1年第1季	15W	-	-	-	第1年第4季

图 4－29　生产信息

10. 选单管理。点击主页面下方的菜单“选单管理”。管理每组学生选取市场订单过程。当所有学生组未投放广告时，以及结束订货会时，弹出框页面显示订货会尚未开始。

当教学班里有部分学生组完成广告投放时，弹出框显示每组投放广告时间，如图 4－30、图 4－31 所示。

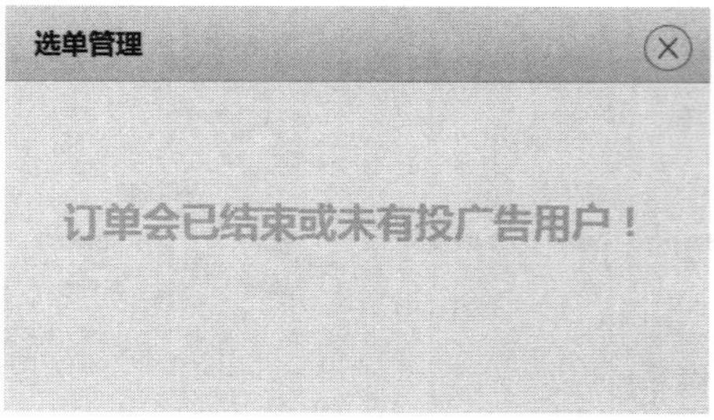

图 4－30　选单管理

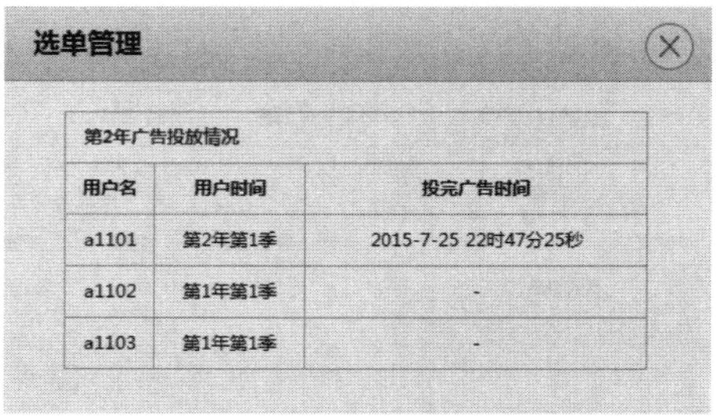

用户名	用户时间	投完广告时间
a1101	第2年第1季	2015-7-25 22时47分25秒
a1102	第1年第1季	-
a1103	第1年第1季	-

图 4－31　广告投放

当教学班里所有部分学生组完成广告投放时，弹出框显示准备开始选单页面，如图 4－32所示。

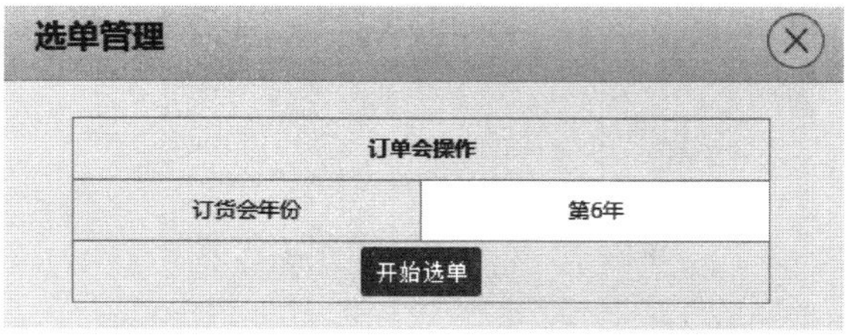

图 4－32　开始选单

点击开始选单，弹出提示框，订货会正式开始。点击确定，跳转到订货会选单管理页面，如图 4－33 所示。

图 4－33　选单管理

弹出框中显示选单过程记录，选单时间、剩余回合、剩余单数等信息。

点击重新选单，订货会重新开始。点击计时暂停/计时恢复，来操作是否暂停订货会选单。

当选单全部结束后，页面弹出提示框，本年订货会结束。

11. 组间交易。点击主页面下方的菜单“组间交易”，显示弹出框，如图 4－34 所示。点击选择出货方和选择进货方的下拉框，选择买卖双方的组号，选择要交易的产品，在下方编辑框内输入交易数量以及交易总价，点击确认交易，即完成了此次组间交易。组间交易必须在两个学生组经营到某一共同系统时间点时才能操作。

图 4－34　组间交易

12. 排行榜单。点击主页面下方“排行榜单”菜单，显示弹出框，在当前修正后的编辑框输入老师加分或减分，点击确定保存修正分。此功能来查询学生组经营的最后成绩排名，如图 4－35 所示。

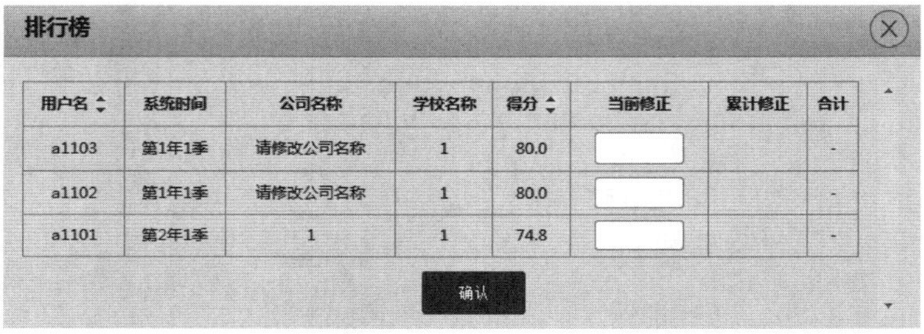

图 4－35　排行榜

13. 公共信息。点击主页面下方“公共信息”菜单，显示弹出框。在年份后的下拉框里选择要查询的年份，点击确认信息。点击确认信息后，页面跳转到每组的经营结果信息，如图 4－36 所示。

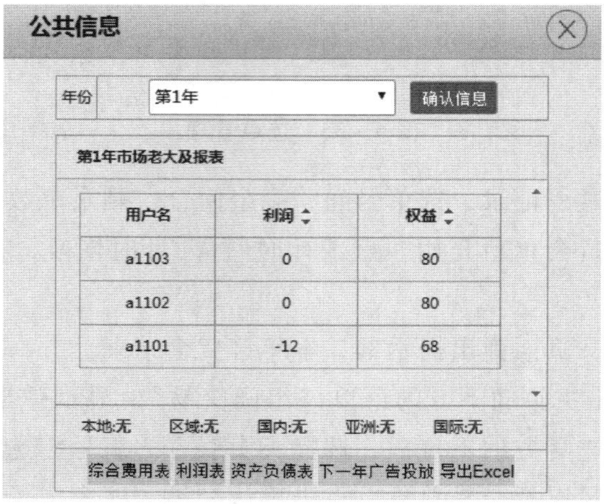

图 4－36　公共信息

在弹出框中央显示各组的本年经营利润以及权益列表。在下方显示本年的销售额市场老大。点击综合费用表，页面跳转显示各组的综合费用对比表，如图 4－37 所示。

综合费用表

综合费用表		
项目／用户	a1102	a1103
管理费	0	0
广告费	0	0
设备维护费	0	0
转产费	0	0
租金	0	0
市场准入开拓	0	0
产品研发	0	0
ISO认证资格	0	0

图 4－37　综合费用表

点击利润表，页面跳转显示各组的利润对比表，如图 4－38 所示。

利润表

利润表		
项目／用户	a1102	a1103
销售收入	0	0
直接成本	0	0
毛利	0	0
综合管理费用	0	0
折旧前利润	0	0
折旧	0	0
支付利息前利润	0	0
财务费用	0	0

图 4－38　利润表

点击资产负债表，页面跳转显示各组的资产负债对比表，如图 4－39 所示。

资产负债表

资产负债表			
项目／用户	a1101	a1102	a1103
现金	68	80	80
应收款	0	0	0
在制品	0	0	0
产成品	0	0	0
原材料	0	0	0
流动资产合计	68	0	0
土地和建筑	0	0	0
机器与设备	0	0	0

图 4－39　资产负债表

点击下一年广告投放，显示下一年初各组的广告投资额。

14. 订单详情。点击主页面下方菜单“订单详情”，弹出框形式显示该教学班所有年份的市场订单明细，如图 4－40 所示。

订单详情

订单列表

订单编号	年份	市场	产品	数量	总价	交货期	帐期	ISO	所属用户	状态
8-0001	第2年	本地	P1	5	22W	4季	2季	-	-	-
8-0002	第2年	本地	P1	1	5W	4季	1季	-	-	-
8-0003	第2年	本地	P1	4	19W	4季	1季	-	-	-
8-0004	第2年	本地	P1	5	23W	4季	2季	-	-	-
8-0005	第2年	本地	P1	3	15W	4季	3季	-	-	-
8-0006	第2年	本地	P1	1	5W	4季	2季	-	-	-
8-0007	第2年	本地	P1	3	17W	4季	0季	-	-	-
8-0008	第2年	本地	P1	4	21W	4季	2季	-	-	-
8-0009	第2年	本地	P1	2	11W	4季	2季	-	-	-
8-0010	第2年	本地	P1	2	10W	4季	2季	-	-	-
8-0011	第2年	本地	P1	3	15W	4季	2季	-	-	-

图 4－40　订单详情

15. 系统参数。点击主页面下方菜单“系统参数”，跳出弹出框，显示该教学班初始化的参数设置，选择可修改的参数，在后面的下拉框或编辑框内修改参数，可对经营参数进行修改。点击确认保存修改结果。其中，初始现金不可修改，如图 4－41 所示。

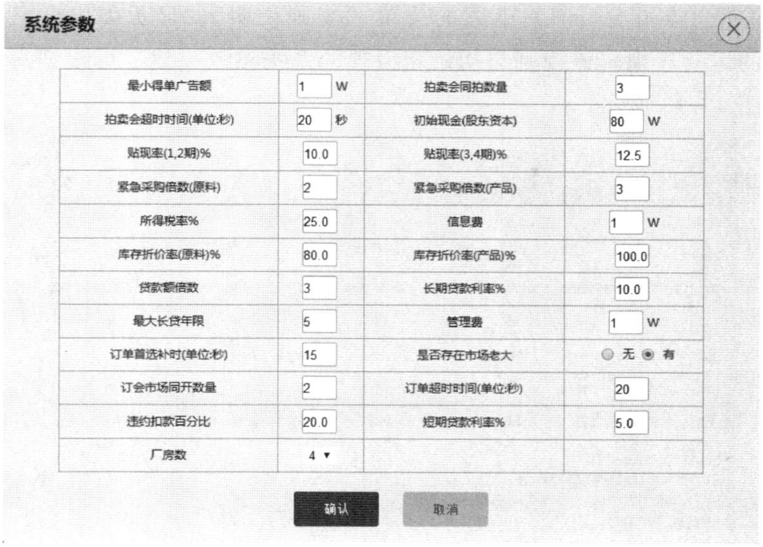

图 4－41　系统参数

16. 一键导出。点击一键导出，即可将当前所有企业的资料打包以 Excel 文件形式导出。

17. 公告信息。点击主页面右上方的菜单“公告信息”，显示聊天对话框，如图 4－42 所示。选择发送消息对象为某组或者全体，在编辑框内输入文字或表格，发送消息给学生端。当系统有默认设置的消息需要发布时，会直接在聊天框中弹出。此外，为了方便教师在每年结束时发送报表等信息，也方便学生保存，产品中在教师端增加了下发公共文件的按钮，包含下发财务报表、应收款及贷款、广告投放信息。该操作仅支持当年结束后至下一年订货会前操作，其他时间教师下发，学生端无法接收。

图 4－42　公告留言

注：公告可以下发“企业报表”“广告投放”“企业贷款和应收款”“一键下载”所有企业间谍信息。

18. 规则说明。点击主页面右上方的菜单“规则说明”，显示弹出框，即可查阅本场企业模拟经营的运营规则。该规则与初始化设置的系统参数一致，可根据每组参数设置不同而变动，如图 4－43 所示。

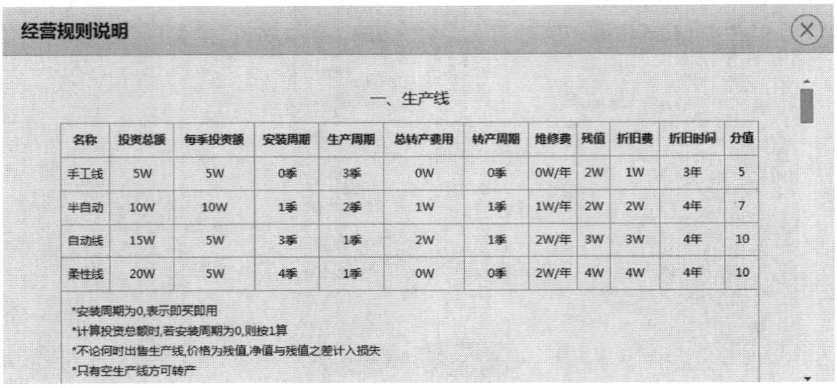
经营规则说明

一、生产线

名称	投资总额	每季投资额	安装周期	生产周期	总转产费用	转产周期	维修费	残值	折旧费	折旧时间	分值
手工线	5W	5W	0季	3季	0W	0季	0W/年	2W	1W	3年	5
半自动	10W	10W	1季	2季	1W	1季	1W/年	2W	2W	4年	7
自动线	15W	5W	3季	1季	2W	1季	2W/年	3W	3W	4年	10
柔性线	20W	5W	4季	1季	0W	0季	2W/年	4W	4W	4年	10

*安装周期为0,表示即买即用
*计算投资总额时,若安装周期为0,则按1算
*不论何时出售生产线,价格为残值,净值与残值之差计入损失
*只有空生产线方可转产

图 4－43　经营规则说明

19. 市场预测。点击主页面右上方的菜单“市场预测”，显示弹出框，即可查阅此次企业模拟经营的市场预测信息，包含每个市场的需求数量值和市场均价。

（三）学生端

1. 首次登录。首次登录系统时以组名为用户名，初始密码为 1。登录后须注册模拟企业的相关信息。注册以后，系统提示确认企业开始经营，点击确认后进入经营界面，如图 4－44 所示。

图 4－44　用户注册

2. 操作界面介绍。企业经营操作界面如图 4－45 所示，共分为五部分。

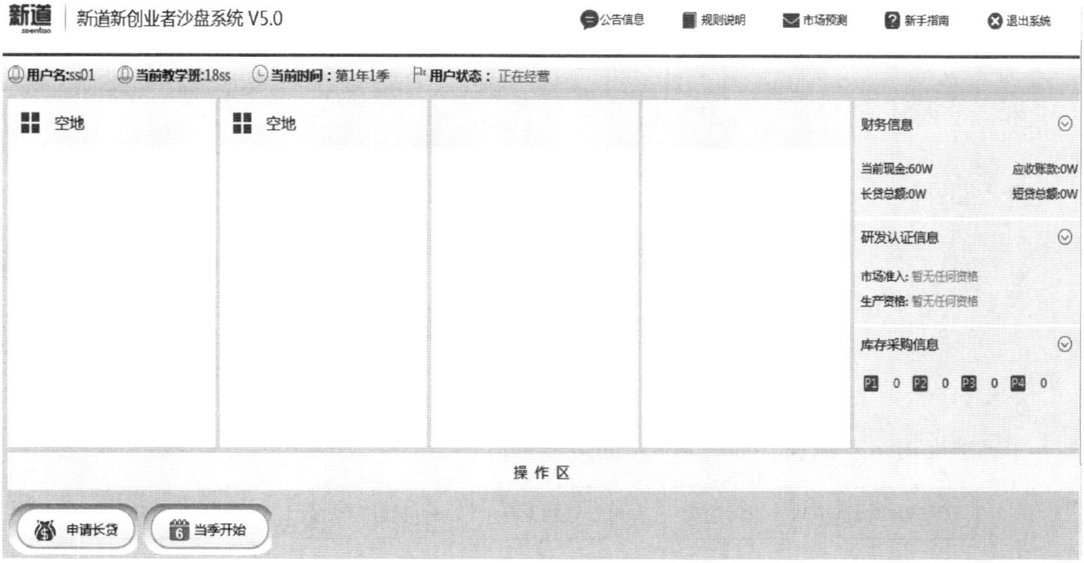

图 4－45　企业经营操作界面

（1）系统帮助区：包括信息公告、规则说明、市场预测、新手指南和退出系统。

（2）用户信息栏：显示用户所在组别、当前教学班、当前时间、用户状态。

（3）经营区：空地为厂房区，可以显示厂房为大厂房或者小厂房，厂房为购买还是租赁。每个厂房有几条生产线，生产哪种产品。

（4）财务信息、研发认证信息和库存采购信息区：显示模拟企业现金、应收款、长期贷款、短期贷款信息；市场准入、生产资格、ISO 认证信息；库存采购信息（原材料和产成品）。

（5）操作区：点击最下方系列按钮，可以进行不同操作。

3. 操作流程及指南。

（1）操作流程。新创业者模拟运营企业经营 6 个年度，每个年度分设 4 个季度运行。全年总体运营流程如图 4－46 所示。

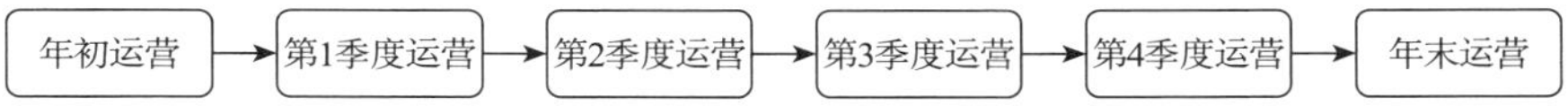

图 4－46　全年总体运营流程

①年初运营流程。企业年初运营流程包括年度规划会议、投放广告、支付广告费、支付所得税、参加订货会、长期贷款。具体运营流程如图 4－47 所示。

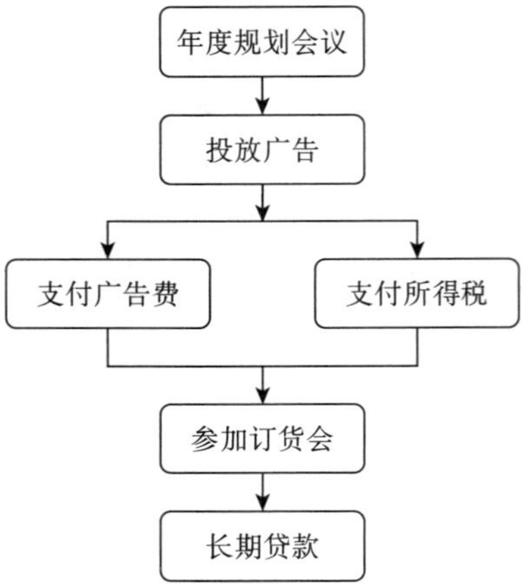

图 4－47 企业年初运营流程

②每季度内运营流程，如图 4－48 所示。

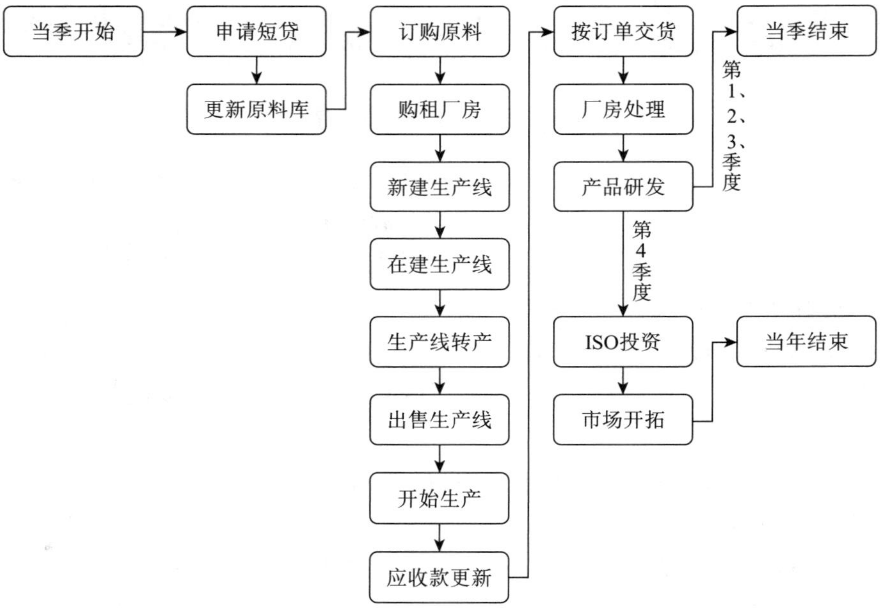

图 4－48 季度内运营流程

③年末运营操作流程。年末运营操作主要包含填写报表和投放广告，具体流程如图 4－49 所示。

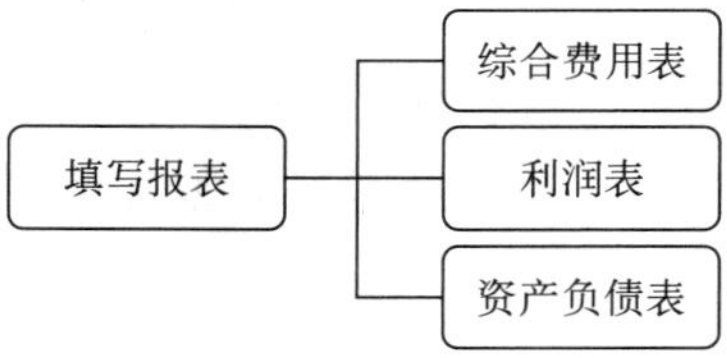

图 4－49 年末运营操作流程

④流程外运营操作。除上述运营操作外，企业随时可进行以下运营操作，如图 4－50 所示。

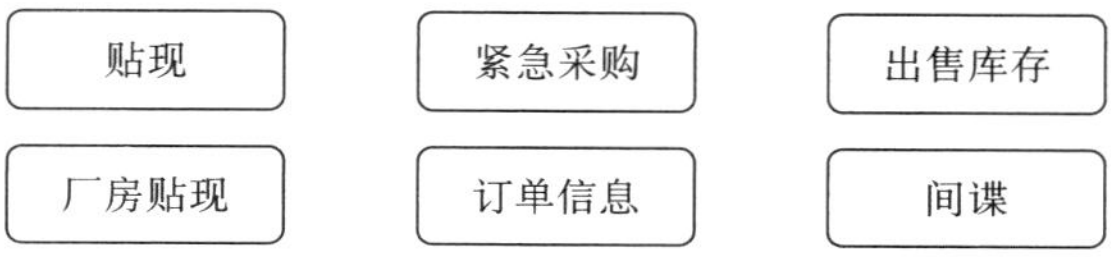

图 4－50　流程外运营操作

（2）操作指南。

①年初运营操作。

a. 年度规划会议。年度规划会议在每运营年度开始时召开，在软件中无须操作。年度规划会议一般由团队的 CEO 主持召开，会同团队中的采购、生产、销售等负责人一起进行全年的市场预测分析、广告投放、订单选取、产能扩张、产能安排、材料订购、订单交货、产品研发、市场开拓、筹资管理和现金控制等方面的分析和决策规划，最终完成全年运营的财务预算。

b. 支付广告费和支付所得税。点击当年结束，系统时间切换至下一年年初，需要投放广告，确认投放后系统会自动扣除所投放的广告费和上年应交的所得税。

c. 参加订货会（第一年没有订货会）。点击主页面下方操作区中菜单“参加订货会”，弹出“参加订货会”对话框。当所有企业均已经完成投放广告，且教师/裁判已经启动订货会时，系统显示如图 4－51 所示。

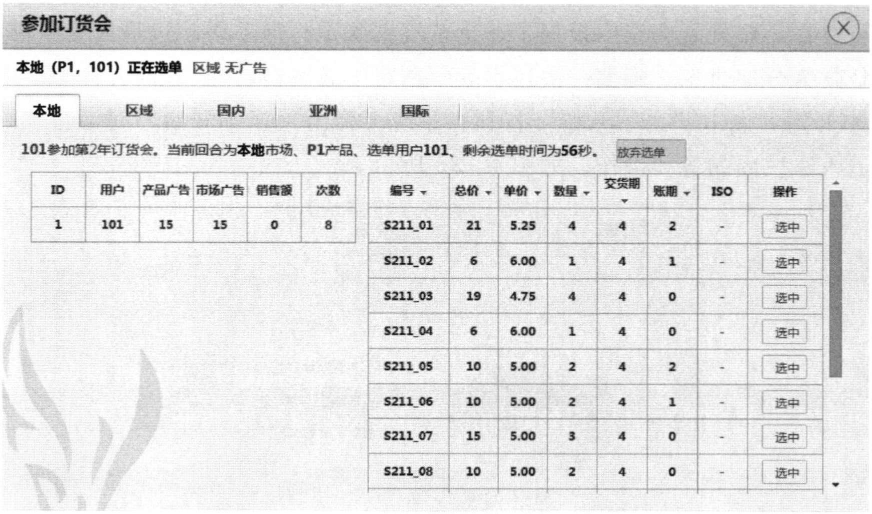

参加订货会

本地（P1，101）正在选单　区域 无广告

本地　区域　国内　亚洲　国际

101参加第2年订货会。当前回合为本地市场、P1产品、选单用户101、剩余选单时间为56秒。　放弃选单

ID	用户	产品广告	市场广告	销售额	次数
1	101	15	15	0	8

编号	总价	单价	数量	交货期	账期	ISO	操作
S211_01	21	5.25	4	4	2	-	选中
S211_02	6	6.00	1	4	1	-	选中
S211_03	19	4.75	4	4	0	-	选中
S211_04	6	6.00	1	4	0	-	选中
S211_05	10	5.00	2	4	2	-	选中
S211_06	10	5.00	2	4	1	-	选中
S211_07	15	5.00	3	4	0	-	选中
S211_08	10	5.00	2	4	0	-	选中

图 4－51　参加订货会

说明：系统会提示正在进行选单的市场（图中加粗字体部分）、选单用户和剩余选单时间，企业选单时特别要关注上述信息。对话框左边显示某市场的选单顺序，右边显示该

市场的订单列表。未轮到当前用户选单时，右边操作一列无法点击。轮到当前用户选单时，操作显示“选中”按钮，点击选中，成功选单。当选单倒计时结束后用户无法选单。选单时要特别注意有两个市场在同时进行选单的情况，此时很容易漏选市场订单。全部市场选单结束后，订货会结束。

d. 长期贷款。点击主页面下方操作区中菜单“申请长贷”，弹出“申请长贷”对话框。弹出框中显示本企业当前时间可以贷款的最大额度，点击“需贷款年限”下拉框，选择贷款年限，在“需贷款额”录入框内输入贷款金额，点击确认，即申请长贷成功，如图 4－52 所示。

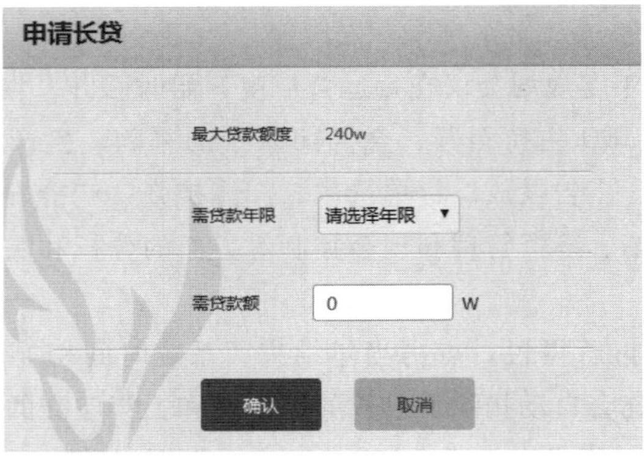

图 4－52　申请长贷

说明：需贷款年限，系统预设有 1 年、2 年、3 年、4 年和 5 年，最大贷款额度系统设定为上年末企业所有者权益的 N 倍，N 具体为多少，由教师/裁判在参数设置中设定。需贷款额由企业在年度规划会议中根据企业运营规划确定，但不得超过最大贷款额度。

长期贷款为分期付息，到期一次还本。年利率由教师/裁判在参数设置中设定。

e. 当季开始。点击“当季开始”按钮，系统会弹出”当季开始“对话框”，该操作完成后才能进入季度内的各项操作，如图 4－53 所示。

图 4－53　当季开始

说明：当季开始操作时，系统会自动完成短期贷款的更新，偿还短期借款本息，检测更新生产/完工入库情况（若已完工，则完工产品会自动进入产品库，可通过查询库存信息了解入库情况）、检测生产线完工/转产完工情况。

f. 申请短贷。点击主页面下方操作区中菜单“申请短贷”，弹出“申请短贷”对话框。在“需贷款额”后输入金额，点击确认即短贷成功，如图 4－54 所示。

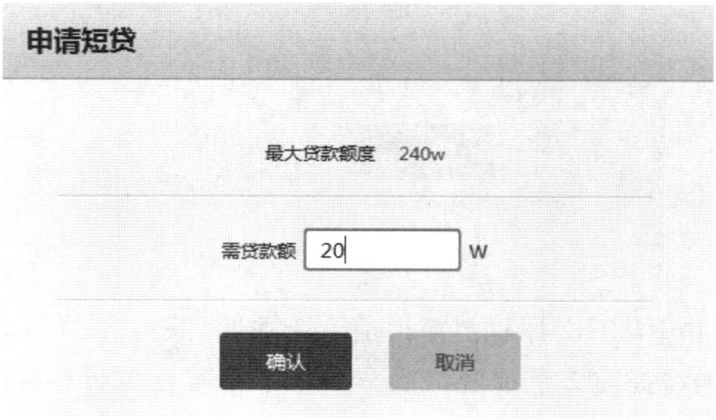

图 4－54　申请短贷

说明：短贷期限默认为 1 年，到期一次还本付息，贷款年利率由教师/裁判在参数设置中设定，短贷申请时不得超过“申请短贷”对话框中的“最大贷款额度”。

g. 更新原料库。点击主页面下方操作区中菜单“更新原料库”，弹出“更新原料”对话框，提示当前应入库原料需支付的现金。确认金额无误后，点击确认，系统扣除现金并增加原料库存，如图 4－55 所示。

图 4－55　更新原料

说明：企业经营沙盘运营中，原材料一般分为 R1、R2、R3、R4 四种，它们的采购价由系统设定，一般每 1 个原材料价格均为 1W。其中 R1、R2 原材料采购款在订购 1 个季度后支付，R3、R4 原材料在订购 2 个季度后支付采购款。

h. 订购原料。点击主页面下方操作区中菜单“订购原料”，弹出“订购原料”对话框，显示原料名称、价格以及运货周期信息，在数量一列输入需订购的原料量值，点击确即可，如图 4－56 所示。

图 4－56　订购原料

说明：企业原材料 R1、R2 原材料需提前 1 个季度订购，在 1 个季度后支付材料款并入库，R3、R4 原材料需提前 2 个季度订购，在 2 个季度后支付材料款并入库。材料订购数量由后期生产需要来决定，订购多了会造成现金占用，订购少了则不能满足生产需要，造成生产线停产，甚至不能按期完成产品交货，导致产品订单违约。

i. 购租厂房。点击主页面下方操作区中菜单“购租厂房”，弹出“购租厂房”对话框，点击下拉框选择厂房类型，下拉框中提示每种厂房的购买价格、租用价格等。选择订购方式，买或租。点击确认即可，如图 4－57 所示。

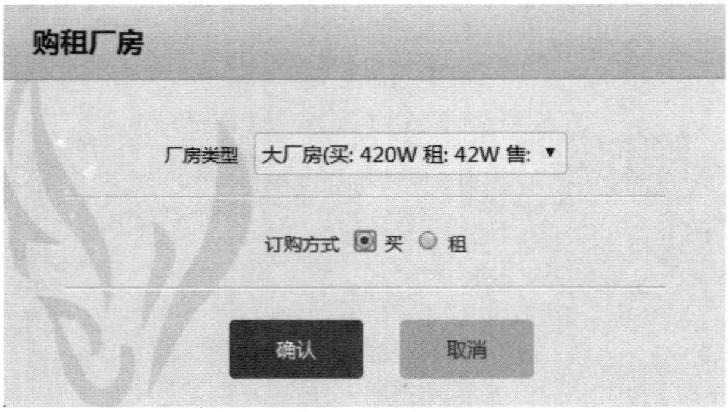

图 4－57　购租厂房

说明：厂房类型根据需要选择大厂房或小厂房，订购方式可以根据需要选择买或租。厂房每季均可购入或租入。若选择购买，则需一次性支付购买价款，无后续费用；若选择租入，则需每年支付租金，租金支付时间为租入时间以及今后每年对应季度的季末。

j. 新建生产线。如图 4－58 所示，点击主页面下方操作区中菜单“新建生产线”，弹出“新建生产线”对话框。选择放置生产线的厂房，点击“类型”下拉框，选择要新建的生产线类型，下拉框中有生产线购买的价格信息，选择新建的生产线计划生产的产品类型。点击确认即可。

提醒：新建多条生产线时，无须退出该界面，可重复操作。

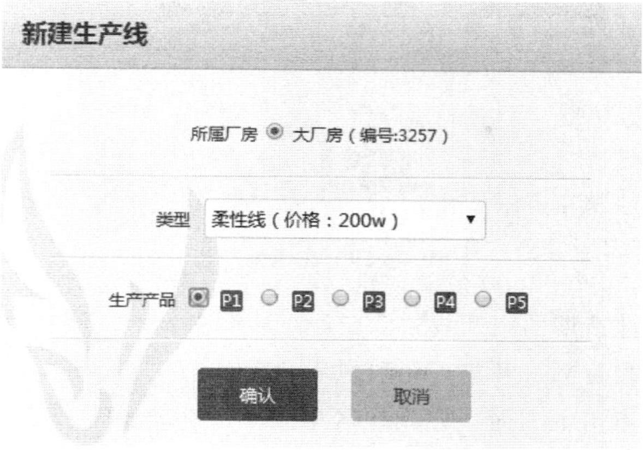

图 4－58　新建生产线

说明：生产线一般包括手工线、半自动线、自动线和柔性线等，各种生产线的购买价格、折旧、残值、生产周期、转产周期、建造周期详见规则说明。

举例：若规则规定：手工线买价 5W、建造期 0Q，半自动线买价 10W、建造期 1Q，自动线买价 15W、建造期 3Q，柔性线买价 20W、建造期 4Q。

企业如果在第 1 年第 1 季度同时建造上述生产线，则第 1 季度新建生产线时需支付 25W（手工线 5W、半自动线 10W、自动线 5W、柔性线 5W），第 2 季度在建生产线时需支付 10W（自动线 5W、柔性线 5W），第 3 季度在建生产线时需支付 10W（自动线 5W、柔性线 5W），第 4 季度在建生产时需支付 5W（柔性线 5W）。建造过程详见表 4－1。

表 4－1　　生产线投资建设

时间 / 生产线	第 1 年 1 季	第 1 年 2 季	第 1 年 3 季	第 1 年 4 季	第 2 年 1 季
手工线	5W 建成				
半自动线	10W 在建	建成			
自动线	5W 在建	5W 在建	5W 在建	建成	
柔性线	5W 在建	5W 在建	5W 在建	5W 在建	建成
当季投资总额	25W	10W	10W	5W	

k. 在建生产线。如图 4－59 所示，点击主页面下方操作区中菜单“在建生产线”，弹出“在建生产线”对话框。弹出框中显示需要继续投资建设的生产线的信息，勾选决定继续投资的生产线，点击确认即可。

图 4-59　在建生产线

说明：只有处在建造期的生产线才会在此对话框中显示，该对话框中会提供处于建造期间的生产线的累计投资额、开建时间和剩余建造期。

l. 生产线转产。点击主页面下方操作区中菜单“生产线转产”，弹出“生产线转产”对话框。弹出框中显示可以进行生产转产的生产线信息，勾选转产的生产线以及转线要生产的产品，点击确认即可，如图 4-60 所示。

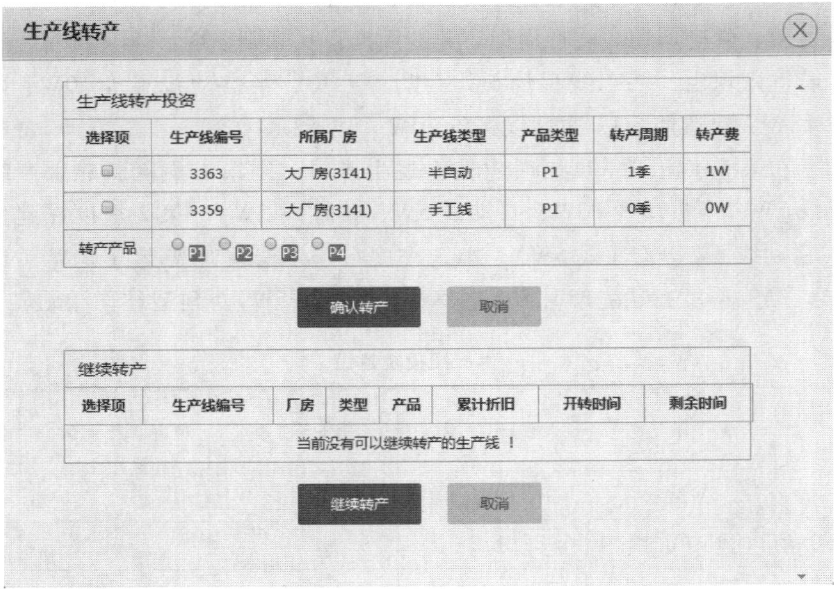

图 4-60　生产线转产

说明：生产线建造时已经确定了生产的产品种类，但是在企业运营过程中，为完成不同产品数量的订单按时交货，可能会对生产线生产的产品进行适当的转产操作，转产时要求该生产线处于待生产状态，否则不可进行转产操作。

转产时，不同生产线的转产费用和转产周期是有区别的，具体详见规则说明。当转产周期大于 1Q 时，下一季度点击生产线转产，弹出框中显示需要继续转产的生产线，勾选即继续投资转产，不选即中断转产。

举例：假定规则规定手工线转产周期为 0Q、转产费用 0W。若某手工线原定生产 P1

产品，现在需要转产为 P2 产品，则转产时要求该手工线上没有在产品方能转产，且转产当季即可上线生产新的 P2 产品，无须支付转产费用。

假定规则规定半自动线转产周期为 1Q，转产费用 1W。若某半自动线原定生产 P1 产品，现在需要转产为 P2 产品，则转产时要求该半自动线上没有在产品方能转产，且需进行 1 个季度的“生产线转产”操作后，方能上线生产新的 P2 产品，且需支付相应的转产费用 1W。

m. 出售生产线。如图 4－61 所示，点击主页面下方操作区中菜单“出售生产线”，弹出“出售生产线”对话框。弹出框中显示可以进行出售的生产线信息。勾选要出售的生产线，点击确认即可。

出售生产线

选项	生产线编号	类型	开建时间	所属厂房	产品	净值	建成时间
☐	3363	半自动(3363)	第1年1季	大厂房(3141)	P1	10	第1年2季
☐	3359	手工线(3359)	第1年1季	大厂房(3141)	P1	5	第1年1季

确认　取消

图 4－61　出售生产线

说明：生产线出售的前提是该生产线是空置的，即没有在生产产品。出售时按残值收取现金，按净值（生产线的原值减去累计折旧后的余额）与残值之间的差额作为企业损失。即已提足折旧的生产线不会产生出售损失，未提足折旧的生产线必然产生出售损失。

n. 开始生产。如图 4－62 所示，点击主页面下方操作区中菜单“开始生产”，弹出“开始下一批生产”对话框。弹出框中显示可以进行生产的生产线信息，勾选要投产的生产线，点击确认即可。

开始下一批生产

生产线编号	所属厂房	生产线类型	生产类型	☐全选
8529	小厂房(8522)	手工线(8529)	P1	☐
8536	小厂房(8522)	手工线(8536)	P1	☐
8532	小厂房(8522)	手工线(8532)	P1	☐

确认　取消

图 4－62　生产线信息

说明：开始下一批生产时保证相应的生产线空闲、产品完成研发、生产原料充足，投产用的现金足够，上述四个条件缺一不可。开始下一批生产操作时，系统会自动从原材料仓库领用相应的原材料，并从现金处扣除用于生产的人工费用。

举例：假定规则规定 P1 产品构成为 1R1 + 1W，当前计划在某半自动线上上线生产 P1 产品，则要求该半自动线此时没有在产品（因为一条生产线不能同时生产 2 个产品），且原材料仓库需有 1 个 R1 原材料，以及 1W 的现金余额用于支付产品生产的人工费。上线生产后，系统会自动从 R1 原材料库中领用 1 个 R1 原材料，并从现金库中扣除 1W 的生产费用。

o. 应收账款更新。如图 4 – 63 所示，点击主页面下方操作区中菜单“应收款更新”，弹出“应收款更新”对话框，点击确认即可。

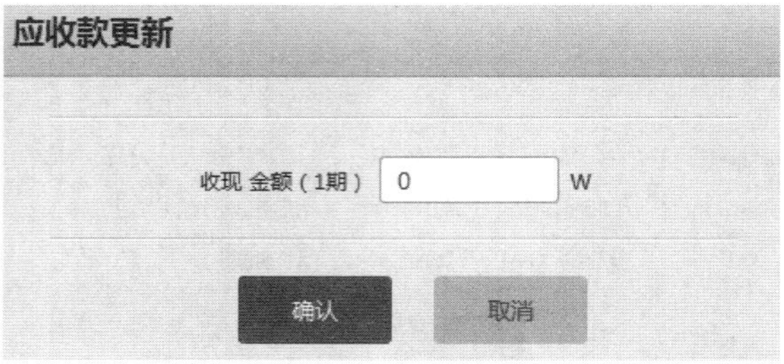

图 4 – 63　应收账款

说明：应收款更新操作实质上是将企业所有的应收款项的减少 1 个收账期，它分为两种情况：一是针对本季度尚未到期的应收款，系统会自动将其收账期减少 1 个季度；二是针对本季度到期的应收款，系统会自动计算并在“收现金额”框内显示，将其确认收到，系统自动增加企业的现金。

举例：若某企业上季度末应收款有两笔：一笔为账期 3Q、金额 20W 的应收款；另一笔为账期 1Q、金额 30W 的应收款。则本季度进行应收款更新时，系统会将账期 3Q、金额 20W 的应收款更新为账期 2Q、金额 20W 的应收款，同时系统会自动将账期 1Q、金额 30W 的应收款收现。

p. 按订单交货。如图 4 – 64 所示，点击主页面下方操作区中菜单“按订单交货”，弹出“订单交货”对话框。点击每条订单后的“确认交货”即可。

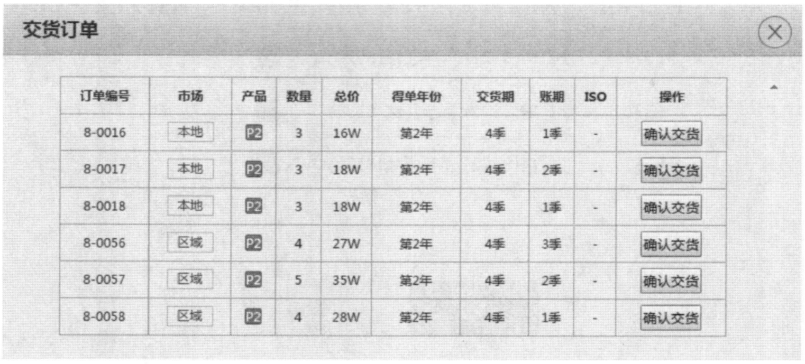
交货订单

订单编号	市场	产品	数量	总价	得单年份	交货期	账期	ISO	操作
8-0016	本地	P2	3	16W	第2年	4季	1季	-	确认交货
8-0017	本地	P2	3	18W	第2年	4季	2季	-	确认交货
8-0018	本地	P2	3	18W	第2年	4季	1季	-	确认交货
8-0056	区域	P2	4	27W	第2年	4季	3季	-	确认交货
8-0057	区域	P2	5	35W	第2年	4季	2季	-	确认交货
8-0058	区域	P2	4	28W	第2年	4季	1季	-	确认交货

图 4 – 64　交货订单

说明：订单交货对话框中会显示年初订货会上取得的所有产品订单，该订单会提供订单销售收入总价、某订单需交的产品种类和数量、交货期限、账期等信息。点击相应订单右边的“确认交货”按钮后，若相应产品库存足够的情况下提示交货成功，若库存不足的情况下弹出库存不足的提示框。订单交货后会收取相应的现金或产生相应的应收款。

举例：若企业获取的订单情况如图 4－64 所示，则表示上述订单均要求在当年第 4 季度结束前交货，如果不能按时交货则取消该产品订单，且要支付相应的违约金（违约金比率有教师/裁判在系统参数中设置）。

若当前为当年的第 3 季度，库存 P2 产品有 3 个，则企业可选择 8－0016、8－0017、8－0018 三个订单中的一个进行交货，若企业选择 8－0018 订单交货，则交货后企业会产生账期为 1Q、金额为 18W 的应收款，该应收款可在下季度应收款更新中收回。同时，系统会从 P2 产品库中减少 3 个 P2 产品予以交货。

q. 厂房处理。如图 4－65 所示，点击主页面下方操作区中菜单“厂房处理”，弹出“厂房处理”对话框。选择厂房的处理方式，系统会自动显示出符合处理条件的厂房以供选择，勾选厂房点击确认。

图 4－65　厂房处理

说明：厂房处理方式包括：卖出（买转租）、退租、租转买三种。

买转租操作针对原购入的厂房，实质上此操作包括两个环节：一是卖出厂房，同时将此厂房租回，卖出厂房将根据规则产生一定金额、一定账期的应收款（详见规则说明）；二是租入厂房需支付对应的租金，这一操作无须厂房空置。

退租操作针对原租入的厂房，该操作要求厂房内无生产设备，若从上年支付租金时开始算租期未满 1 年的，则无须支付退租当年的租金，反之则需支付退租当年的租金。

租转买操作针对原租入的厂房，该操作实质上包括两个环节：一是退租，同时将该厂房买入。退租当年租金是否需要支付参照“退租操作”说明；二是购买厂房时需支付相应的购买价款，该操作无须厂房空置。

举例：假定规则规定某大厂房购买价为 30W，租金 4W/年。

若企业欲将原购入的大厂房买转租，则会产生期限为 4Q、金额为 30W 的应收款，同时系统会在买转租时自动扣除当期厂房租金 4W。

若企业于上年第 2 季度租入一个大厂房，如果在本年度第 2 季度结束前退租，则系统无须支付第 2 个年度的厂房租金；如果在本年度第 2 季度结束后退租，则系统需扣除第 2 个年度的厂房租金 4W。此操作要求该厂房内无生产设备。

若企业欲租转买原租入的大厂房，则系统仍会在大厂房租入的对应季度扣除当年的租金，并且在租转买时支付大厂房的购买价款 30W。

r. 产品研发。如图 4－66 所示，点击主页面下方操作区中菜单“产品研发”，弹出“产品研发”对话框。勾选需要研发的产品，点击确认。

图 4－66　产品研发

说明：产品研发按照季度来投资，每个季度均可操作，期间可以中断投资，直至产品研发完成，产品研发成功后方能生产相应产品。产品研发的规则详见规则说明。

举例：若规则规定 P1、P2、P3、P4 的研发规则如图 4－66 所示。则某企业在第 1 年第 1 季度开始同时研发上述 4 种产品，且中间不中断研发，则第 1 年第 1 季度需支付研发费用 4W，第 1 季度无产品研发完成；第 1 年第 2 季度需支付研发费用 4W，此时 P1 产品研发完成，第 3 季度即可生产 P1 产品；第 1 年第 3 季度需支付研发费用 3W，此时 P2 产品研发完成，第 4 季度即可生产 P2 产品；第 1 年第 4 季度需支付研发费用 2W，此时 P3 产品研发完成，第 2 年第 1 季度即可生产 P3 产品；第 2 年第 1 季度需支付研发费用 1W，此时，P4 产品研发完成，第 2 年第 2 季度即可生产 P4 产品。具体研发过程如表 4－2 所示。

表 4－2　产品研发过程

时间 产品	第 1 年 第 1 季度	第 1 年 第 2 季度	第 1 年 第 3 季度	第 1 年 第 4 季度	第 2 年 第 1 季度	第 2 年 第 2 季度
P1	1W	1W	研发完成			
P2	1W	1W	1W	研发完成		
P3	1W	1W	1W	1W	研发完成	
P4	1W	1W	1W	1W	1W	研发完成
当季投资总额	4W	4W	3W	2W	1W	

s. ISO 投资。该操作只有每年第 4 季度才出现。点击主页面下方操作区中菜单“ISO 投资”，弹出“ISO 投资”对话框。勾选需要投资的 ISO 资质，点击确认即可，如图 4－67 所示。

ISO投资

选择项	ISO	投资费用	投资时间	剩余时间
☑	ISO9000	1W/年	2年	1
☐	ISO14000	2W/年	2年	1

确认　取消

图 4－67　ISO 投资

说明：ISO 投资包括产品质量（ISO9000）认证投资和产品环保（ISO14000）认证投资。企业若想在订货会上选取带有 ISO 认证的订单，必须取得相应的 ISO 认证资格，否则不能选取该订单。ISO 投资每年进行一次，可中断投资，直至 ISO 投资完成。

举例：若企业在订单市场中想选择带有 ISO9000 的产品订单，则该企业必须已经完成 ISO9000 的投资，否则不能选择该订单。

假定 ISO 投资规则如图 4－67 所示，企业若在第 1 年同时开始投资 ISO9000 和 ISO14000，中间不中断投资，则第 1 年该企业需支付 ISO 投资额 3W（ISO9000 投资费用 1W＋ISO14000 投资费用 2W），第 2 年该企业还需支付 ISO 投资额 3W，此时完成 ISO 投资，该企业方可在第 3 年的年度订货会中选取带有 ISO 资格要求的订单。

t. 市场开拓。如图 4－68 所示，市场开拓操作只有每年第 4 季度才出现。点击主页面下方操作区中菜单“市场开拓”，弹出“市场开拓”对话框。勾选需要研发的市场，点击确认即可。

市场开拓

选择项	市场	投资费用	投资时间	剩余时间
☐	国内	1W/年	2年	1
☐	亚洲	1W/年	3年	2
☐	国际	1W/年	4年	3

确认　取消

图 4－68　市场开拓

说明：企业经营沙盘中市场包括：本地市场、区域市场、国内市场、亚洲市场和国际市场。市场开拓是企业进入相应市场投放广告、选取产品订单的前提。市场开拓相关规则详见规则说明。市场开拓每年第4季度末可操作一次，中间可中断投资。

举例：假定规则规定本地市场、区域市场、国内市场、亚洲市场和国际市场的开拓期分别为0年、1年、2年、3年、4年，开拓费用均为每年1W。若企业从第1年年末开始开拓所有市场，且中间不中断投资，则：

第1年需支付5W（各类市场各1W）市场开拓费用，且当即完成本地市场的开拓，即在第2年年初的订货会上可对本地市场投放广告、选取订单；

第2年年末需支付3W（国内、亚洲、国际各1W）市场开拓费用，且完成区域市场和国内市场的开拓，即在第3年年初的订货会上可对本地市场、区域市场和国内市场投放广告、选取订单；

第3年年末需支付2W（亚洲、国际各1W）市场开拓费用，且完成亚洲市场的开拓，即在第4年年初的订货会上可对本地、区域、国内和亚洲市场投放广告、选取订单；

第4年年末需支付1W（国际市场1W）市场开拓费用，且完成国际市场的开拓，即在第5年年初的订货会上可对所有市场投放广告、选取订单。

u. 当季（年）结束。该操作在每年1～3季度末显示“当季结束”，每年第4季度末显示“当年结束”。点击主页面下方操作区中菜单“当季结束”或“当年结束”，弹出“当季结束”或“当年结束”对话框。核对当季（年）结束需要支付或更新的事项。确认无误后，点击确定即可，如图4－69、图4－70所示。

图4－69 当季结束

图4－70 当年结束

说明：当季结束时，系统会自动支付行政管理费、厂房续租租金，检查产品开发完成情况。

当年结束时，系统会自动支付行政管理费、厂房续租租金，检测产品开发、ISO投资、市场开拓情况，自动支付设备维修费、计提当年折旧、扣除产品违约订单的罚款。

②年末运营操作。

a. 填写报表。如图 4－71 所示，点击主页面下方操作区中菜单“填写报表”，弹出“填写报表”对话框。依次在综合费用表、利润表、资产负债表的编辑框内输入相应计算数值，三张表填写过程中都可点击保存，暂时保存数据。点击提交，即提交结果，系统计算数值是否正确并在教师端公告信息中显示判断结果。

图 4－71　综合费用表

说明：综合费用表反映企业期间费用的情况，具体包括：管理费用、广告费、设备维护费、厂房租金、市场开拓费、ISO 认证费、产品研发费、信息费和其他等项目。其中信息费是指企业为查看竞争对手的财务信息而向支付的费用，具体由规则确定。

利润表反映企业当期的盈利情况，具体包括：销售收入、直接成本、综合费用、折旧、财务费用、所得税等项目。其中销售收入为当期按订单交货后取得的收入总额，直接成本为当期销售产品的总成本，综合费用根据“综合费用表”中的合计数填列，折旧系当期生产线折旧总额，财务费用为当期借款所产生的利息总额，所得税根据利润总额计算。

此外，下列项目系统自动计算，公式如下：

销售毛利＝销售收入－直接成本

折旧前利润＝销售毛利－综合费用

支付利息前利润＝折旧前利润－折旧

税前利润＝支付利息前利润－财务费用

净利润＝税前利润－所得税

资产负债表反映企业当期财务状况，具体包括：现金、应收款、在制品、产成品、原材料等流动资产，土地建筑物、机器设备和在建工程等固定资产，长期负债、短期负债、特别贷款、应交税金等负债，以及股东资本、利润留存、年度净利等所有者权益项目。

其中，相关项目填列方法如下：

现金根据企业现金结存数填列。

应收款根据应收款余额填列。

在制品根据在产的产品成本填列。

产成品根据结存在库的完工产品总成本填列。

原材料根据结存在库的原材料总成本填列。

土地建筑物根据购入的厂房总价值填列。

机器设备根据企业拥有的已经建造完成的生产线的总净值填列。

在建工程根据企业拥有的在建生产线的总价值填列。

长期负债根据长期借款余额填列。

短期负债根据短期借款余额填列。

特别贷款根据后台特别贷款总额填列（一般不会遇到）。

应交税金根据计算出的应缴纳的所得税金额填列。

股东资本根据企业收到的股东注资总额填列。

利润留存根据截至上年年末至企业的利润结存情况填列。

年度利润根据本年度的利润表中的净利润填列。

b. 投放广告。该操作在每年年初进行，点击主页面下方操作区中菜单“投放广告”，弹出“投放广告”对话框，录入各市场广告费，点击确认即可，如图 4 – 72 所示。

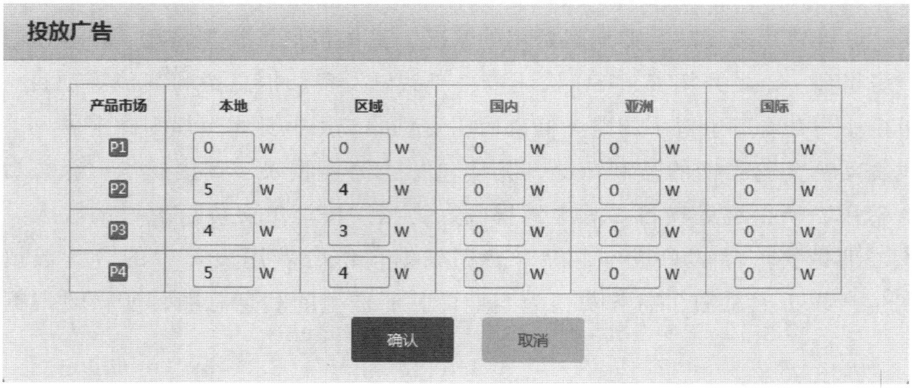

产品市场	本地	区域	国内	亚洲	国际
P1	0 W	0 W	0 W	0 W	0 W
P2	5 W	4 W	0 W	0 W	0 W
P3	4 W	3 W	0 W	0 W	0 W
P4	5 W	4 W	0 W	0 W	0 W

图 4 – 72　投放广告

说明：市场开拓完成，相应的市场显示为黑色字体，则可在该市场投放广告费。若市场显示为红色字体，则表示该市场尚未开拓完成，则不可在该市场投放广告费。市场广告费的投放要根据市场的竞争激烈程度、企业自身的产能布置、发展战略、竞争对手的广告投放策略等多方面因素综合考虑。广告投放后，就可等待教师/裁判开启订货会，订货会开始的前提是所有的小组均完成广告投放，教师/裁判才会开启订货会。

③流程外运营操作。

a. 贴现。此操作随时可进行，点击主页面下方操作区中菜单“贴现”，弹出“贴现”对话框。弹出框中显示可以贴现的应收款金额，选好贴现期，在贴现额一列输入要贴现的金额。点击确定，系统根据不同贴现期扣除不同贴息，将贴现金额加入现金，如图 4－73 所示。

图 4－73　贴现

说明：贴现是指将提前收回未到期的应收款，因为该应收款并非正常到期收回，所以贴现时需支付相应的贴现利息。贴现利息＝贴现金额×贴现率，贴现率由教师/裁判在系统参数中设定，相关规定详见规则说明。这一操作一般在企业短期存在现金短缺，且无法通过成本更低的正常贷款取得现金流时才考虑使用。

举例：假定某企业账期为 1Q 和 2Q 的应收款贴现率为 10%，账期为 3Q 和 4Q 的应收款贴现率为 12.5%，若该期限现将账期为 2Q、金额为 10W 的应收款和账期为 3Q、金额为 20 应收款同时贴现，则：

贴现利息＝10W×10%＋20W×12.5＝3.5W 约等于 4W（规则规定贴现利息一律向上取整）

实收金额＝10＋20－4＝26W。

贴现后收到的 26W，当即增加企业现金，产生的贴现利息 4W，作为财务费用入账。

b. 紧急采购。该操作随时可进行，点击主页面下方操作区中菜单“紧急采购”，弹出“紧急采购”对话框。显示当前企业的原料、产品的库存数量以及紧急采购价格，在订购量一列输入数值。点击确定即可，如图 4－74 所示。

图 4 – 74　紧急采购

说明：紧急采购是为了解决材料或产品临时短缺而出现的，企业原材料订购不足或产品未能按时生产出来，均可能造成产品订单不能按时交货，从而导致订单违约，而失去该订单收入和支付违约损失，为避免该损失，企业可通过紧急采购少量的短缺原材料或产品，从而满足生产或交货的需要，促使产品订单按时交货，由此取得相应的销售利润。紧急采购价格一般比正常的采购价要高很多，具体由教师/裁判在参数设置中设定。操作时既可以紧急采购原材料，也可以紧急采购库存产品。

c. 出售库存。该操作随时可进行，点击主页面下方操作区中菜单“出售库存”，弹出“出售库存”对话框。显示当前企业的原料、产品的库存数量以及出售价格，在出售数量一列输入数值。点击确定即可，如图 4 – 75 所示。

说明：企业一般只有在资金极度短缺时才会考虑出售库存。库存出售一般会在成本的基础上打折销售，出售价由教师/裁判在参数设置中设定。

d. 厂房贴现。如图 4 – 76 所示，该操作随时可进行，点击主页面下方操作区中菜单“厂房贴现”，弹出“厂房贴现”对话框。弹出框中显示可以贴现的厂房信息，选择某一条厂房，点击确定贴现。系统根据没类厂房出售价格贴现，如果有生产线扣除该厂房的租金，保证厂房继续经营。

图 4－75　出售库存

图 4－76　厂房贴现

说明：该操作实质上是将厂房卖出（买转租）产生的应收款直接贴现取得现金。它与厂房处理中的卖出（买转租）的区别就在于，“卖出（买转租）”操作时产生的应收款并未直接贴现，而厂房贴现则直接将卖出（买转租）产生的应收款同时贴现掉。

e. 订单信息。此操作随时可进行，点击主页面下方操作区中菜单“订单信息”，弹出“订单信息”对话框。弹出框中显示当前企业所有年份获得的订单，可以查询每条订单的完成时间、状态等信息，如图 4－77 所示。

说明：企业随时可点击“订单信息”查阅所取得的订单情况，从而确定生产安排、交货安排等情况。

f. 间谍。点击主页面下方操作区中菜单“间谍”，弹出“间谍”对话框。确认下载即可，如图 4－78 所示。

订单信息

订单编号	市场	产品	数量	总价	状态	得单年份	交货期	账期	ISO	交货时间
8-0024	本地	P2	4	26W	已交货	第2年	4季	1季	-	第2年第4季
8-0031	本地	P3	2	20W	已交货	第2年	4季	2季	-	第2年第4季
8-0025	本地	P2	3	19W	已交货	第2年	4季	2季	-	第2年第4季
8-0038	本地	P4	1	13W	已交货	第2年	4季	2季	-	第2年第4季
8-0032	本地	P3	2	20W	已交货	第2年	4季	2季	-	第2年第4季
8-0074	区域	P4	2	22W	已交货	第2年	4季	3季	-	第2年第4季
8-0065	区域	P3	3	27W	已交货	第2年	4季	3季	-	第2年第4季
8-0078	区域	P4	2	22W	已交货	第2年	4季	2季	-	第2年第4季

图 4－77　订单信息

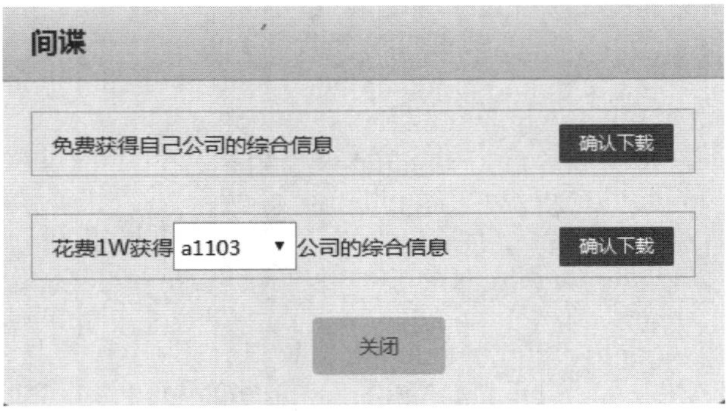

图 4－78　间谍

说明：间谍中可显示获得自己公司信息和其他组信息两种，可免费获取自己公司信息，以 Excel 形式查阅或保存企业经营数据。若要查看其他公司的信息，则需支付教师/裁判在参数设置中设定的间谍费，才能以 Excel 形式查询其他企业任一组的数据。

第二节　模拟企业运营流程

在企业模拟经营电子沙盘中，由 CEO 领导组内成员按照企业经营的流程进行操作，其中每年度的“企业经营流程”表由 CEO 填写。在每项工作完成后，由 CEO 在相应的方格内划勾确认，以示完成。如果涉及现金收支业务，则应在财务总监的协助下将现金收支的数额填写在相应方格内。

表 4 – 3

企业经营流程

（企业第 1 年运营）

<table>
<tr><td colspan="8">企业经营流程每执行完一项操作，CEO 请在相应的方格内划勾。请按顺序执行下列各项操作。财务总监（助理）在方格中填写现金收支情况。</td></tr>
<tr><td rowspan="7">年初</td><td colspan="3">年初现金余额</td><td></td><td></td><td></td><td></td></tr>
<tr><td colspan="3">广告投入</td><td></td><td></td><td></td><td></td></tr>
<tr><td colspan="3">参加订货会/登记销售订单</td><td></td><td></td><td></td><td></td></tr>
<tr><td colspan="3">支付应付税</td><td></td><td></td><td></td><td></td></tr>
<tr><td rowspan="3">长期贷款</td><td colspan="2">支付长贷利息</td><td></td><td></td><td></td><td></td></tr>
<tr><td colspan="2">更新长期贷款/长期贷款还款</td><td></td><td></td><td></td><td></td></tr>
<tr><td colspan="2">申请长期贷款</td><td></td><td></td><td></td><td></td></tr>
<tr><td>1</td><td colspan="3">季初现金盘点</td><td></td><td></td><td></td><td></td></tr>
<tr><td>2</td><td colspan="3">出售库存材料（随时进行）</td><td></td><td></td><td></td><td></td></tr>
<tr><td>3</td><td colspan="3">出售库存产品（随时进行）</td><td></td><td></td><td></td><td></td></tr>
<tr><td>4</td><td colspan="3">厂房贴现（随时进行）</td><td></td><td></td><td></td><td></td></tr>
<tr><td>5</td><td colspan="3">应收款贴现（随时进行）</td><td></td><td></td><td></td><td></td></tr>
<tr><td rowspan="2">6</td><td colspan="2" rowspan="2">更新短期贷款/短期贷款还本付息</td><td>支付利息</td><td></td><td></td><td></td><td></td></tr>
<tr><td>偿还本金</td><td></td><td></td><td></td><td></td></tr>
<tr><td>7</td><td colspan="3">申请短期贷款</td><td></td><td></td><td></td><td></td></tr>
<tr><td>8</td><td colspan="3">原材料入库/更新原料订单</td><td></td><td></td><td></td><td></td></tr>
<tr><td>9</td><td colspan="3">下原料订单</td><td></td><td></td><td></td><td></td></tr>
<tr><td>10</td><td colspan="3">购买厂房</td><td></td><td></td><td></td><td></td></tr>
<tr><td>11</td><td colspan="3">租用厂房</td><td></td><td></td><td></td><td></td></tr>
<tr><td>12</td><td colspan="3">更新生产/完工入库</td><td></td><td></td><td></td><td></td></tr>
<tr><td>13</td><td colspan="3">新建生产线</td><td></td><td></td><td></td><td></td></tr>
<tr><td>14</td><td colspan="3">变卖生产线</td><td></td><td></td><td></td><td></td></tr>
<tr><td>15</td><td colspan="3">生产线转产</td><td></td><td></td><td></td><td></td></tr>
<tr><td>16</td><td colspan="3">原料紧急采购（随时进行）</td><td></td><td></td><td></td><td></td></tr>
<tr><td>17</td><td colspan="3">产品紧急采购（随时进行）</td><td></td><td></td><td></td><td></td></tr>
<tr><td>18</td><td colspan="3">开始下一批生产</td><td></td><td></td><td></td><td></td></tr>
<tr><td>19</td><td colspan="3">更新应收款/应收款收现</td><td></td><td></td><td></td><td></td></tr>
<tr><td>20</td><td colspan="3">按订单交货</td><td></td><td></td><td></td><td></td></tr>
<tr><td>21</td><td colspan="3">产品研发投资</td><td></td><td></td><td></td><td></td></tr>
<tr><td>22</td><td colspan="3">厂房——出售（买转租）/退租</td><td></td><td></td><td></td><td></td></tr>
<tr><td>23</td><td colspan="3">厂房——租转买</td><td></td><td></td><td></td><td></td></tr>
<tr><td>24</td><td colspan="3">新市场开拓</td><td></td><td></td><td></td><td></td></tr>
<tr><td>25</td><td colspan="3">ISO 资格认证投资</td><td></td><td></td><td></td><td></td></tr>
<tr><td>26</td><td colspan="3">支付管理费</td><td></td><td></td><td></td><td></td></tr>
<tr><td>27</td><td colspan="3">支付厂房租金</td><td></td><td></td><td></td><td></td></tr>
<tr><td rowspan="5">年末</td><td colspan="3">缴纳违约订单罚款</td><td></td><td></td><td></td><td></td></tr>
<tr><td colspan="3">支付设备维护费</td><td></td><td></td><td></td><td></td></tr>
<tr><td colspan="3">计提折旧</td><td></td><td></td><td></td><td></td></tr>
<tr><td colspan="3">新市场开拓/ISO 资格认证换证</td><td></td><td></td><td></td><td></td></tr>
<tr><td colspan="3">结账</td><td></td><td></td><td></td><td></td></tr>
</table>

在每年的新年度规划会议中，企业各管理人员提出自己的想法，财务总监进行现金的预算，填写如表 4－4 的现金预算表，预算这一年中资金是否可以保证不断流，以便确定如何投资、交货的先后顺序等。最后根据预算现金状况，CEO 与小组成员确定最终运营方案。

表 4－4　　现金预算表

项目	1	2	3	4
期初库存现金				
市场广告投入				
支付应付税				
支付长贷利息				
支付短贷利息/到期短贷				
原材料采购支付现金				
购买/租用厂房支付现金				
生产线投资				
转产费用				
工人工资				
收到现金前的所有支出				
应收款到期				
产品研发现金支出				
新市场开拓/ISO 资格投资				
支付设备维护费				
计提折旧				
新市场/ISO 资格换证				
其他				
库存现金余额				

订单登记表用于记录本年取得的客户订单。参加完每年的订单会后，营销总监负责填写如表 4－5 的订单登记表，以便于生产、查询及财务总监做账。

表 4－5　　订单登记表

订单号											合计
市场											
产品											
数量											
账期											
销售额											
成本											
毛利											
违约金											

综合管理费用明细表用于记录企业日常运营过程中发生的各项费用。年末，财务总监需编制利润表以便核算企业当年的经营成果。

表 4－6　　综合管理费用明细表

项目	金额
管理费	
广告费	
设备维护费	
损失	
转产费	
厂房租金	
新市场开拓	
ISO 资格认证	
产品研发	
信息费	
合计	

表 4－7　　利润表

项目	金额
销售收入	
直接成本	
毛利	
综合费用	
折旧前利润	
折旧	
支付利息前利润	
财务费用	
税前利润	
所得税	
年度净利润	

在编制完利润表的基础上，财务总监还要负责资产负债表的编制，如表 4－8 所示。

表 4－8　　资产负债表

项目	金额	项目	金额
现金		长期负债	
应收账款		短期负债	
在制品		应付账款	
产成品		应交税金	
原材料		一年内到期的长期负债	
流动资产合计		负债合计	
厂房		股东资本	
生产线		利润留存	
在建工程		年度净利	
固定资产合计		所有者权益合计	
资产总计		负债和所有者权益总计	

表 4-9 企业经营流程

（企业第 2 年运营）

<table>
<tr><td colspan="8">企业经营流程每执行完一项操作，CEO 请在相应的方格内划勾。请按顺序执行下列各项操作。财务总监（助理）在方格中填写现金收支情况。</td></tr>
<tr><td rowspan="7">年初</td><td colspan="3">年初现金余额</td><td></td><td></td><td></td><td></td></tr>
<tr><td colspan="3">广告投入</td><td></td><td></td><td></td><td></td></tr>
<tr><td colspan="3">参加订货会/登记销售订单</td><td></td><td></td><td></td><td></td></tr>
<tr><td colspan="3">支付应付税</td><td></td><td></td><td></td><td></td></tr>
<tr><td rowspan="3">长期贷款</td><td colspan="2">支付长贷利息</td><td></td><td></td><td></td><td></td></tr>
<tr><td colspan="2">更新长期贷款/长期贷款还款</td><td></td><td></td><td></td><td></td></tr>
<tr><td colspan="2">申请长期贷款</td><td></td><td></td><td></td><td></td></tr>
<tr><td>1</td><td colspan="3">季初现金盘点</td><td></td><td></td><td></td><td></td></tr>
<tr><td>2</td><td colspan="3">出售库存材料（随时进行）</td><td></td><td></td><td></td><td></td></tr>
<tr><td>3</td><td colspan="3">出售库存产品（随时进行）</td><td></td><td></td><td></td><td></td></tr>
<tr><td>4</td><td colspan="3">厂房贴现（随时进行）</td><td></td><td></td><td></td><td></td></tr>
<tr><td>5</td><td colspan="3">应收款贴现（随时进行）</td><td></td><td></td><td></td><td></td></tr>
<tr><td rowspan="2">6</td><td colspan="2" rowspan="2">更新短期贷款/
短期贷款还本付息</td><td>支付利息</td><td></td><td></td><td></td><td></td></tr>
<tr><td>偿还本金</td><td></td><td></td><td></td><td></td></tr>
<tr><td>7</td><td colspan="3">申请短期贷款</td><td></td><td></td><td></td><td></td></tr>
<tr><td>8</td><td colspan="3">原材料入库/更新原料订单</td><td></td><td></td><td></td><td></td></tr>
<tr><td>9</td><td colspan="3">下原料订单</td><td></td><td></td><td></td><td></td></tr>
<tr><td>10</td><td colspan="3">购买厂房</td><td></td><td></td><td></td><td></td></tr>
<tr><td>11</td><td colspan="3">租用厂房</td><td></td><td></td><td></td><td></td></tr>
<tr><td>12</td><td colspan="3">更新生产/完工入库</td><td></td><td></td><td></td><td></td></tr>
<tr><td>13</td><td colspan="3">新建生产线</td><td></td><td></td><td></td><td></td></tr>
<tr><td>14</td><td colspan="3">变卖生产线</td><td></td><td></td><td></td><td></td></tr>
<tr><td>15</td><td colspan="3">生产线转产</td><td></td><td></td><td></td><td></td></tr>
<tr><td>16</td><td colspan="3">原料紧急采购（随时进行）</td><td></td><td></td><td></td><td></td></tr>
<tr><td>17</td><td colspan="3">产品紧急采购（随时进行）</td><td></td><td></td><td></td><td></td></tr>
<tr><td>18</td><td colspan="3">开始下一批生产</td><td></td><td></td><td></td><td></td></tr>
<tr><td>19</td><td colspan="3">更新应收款/应收款收现</td><td></td><td></td><td></td><td></td></tr>
<tr><td>20</td><td colspan="3">按订单交货</td><td></td><td></td><td></td><td></td></tr>
<tr><td>21</td><td colspan="3">产品研发投资</td><td></td><td></td><td></td><td></td></tr>
<tr><td>22</td><td colspan="3">厂房——出售（买转租）/退租</td><td></td><td></td><td></td><td></td></tr>
<tr><td>23</td><td colspan="3">厂房——租转买</td><td></td><td></td><td></td><td></td></tr>
<tr><td>24</td><td colspan="3">新市场开拓</td><td></td><td></td><td></td><td></td></tr>
<tr><td>25</td><td colspan="3">ISO 资格认证投资</td><td></td><td></td><td></td><td></td></tr>
<tr><td>26</td><td colspan="3">支付管理费</td><td></td><td></td><td></td><td></td></tr>
<tr><td>27</td><td colspan="3">支付厂房租金</td><td></td><td></td><td></td><td></td></tr>
<tr><td rowspan="5">年末</td><td colspan="3">缴纳违约订单罚款</td><td></td><td></td><td></td><td></td></tr>
<tr><td colspan="3">支付设备维护费</td><td></td><td></td><td></td><td></td></tr>
<tr><td colspan="3">计提折旧</td><td></td><td></td><td></td><td></td></tr>
<tr><td colspan="3">新市场开拓/ISO 资格认证换证</td><td></td><td></td><td></td><td></td></tr>
<tr><td colspan="3">结账</td><td></td><td></td><td></td><td></td></tr>
</table>

表 4－10　　现金预算表

项目	1	2	3	4
期初库存现金				
市场广告投入				
支付应付税				
支付长贷利息				
支付短贷利息/到期短贷				
原材料采购支付现金				
购买/租用——厂房支付现金				
生产线投资				
转产费用				
工人工资				
收到现金前的所有支出				
应收款到期				
产品研发现金支出				
新市场开拓/ISO 资格投资				
支付设备维护费				
计提折旧				
新市场/ISO 资格换证				
其他				
库存现金余额				

表 4－11　　订单登记表

订单号										合计
市场										
产品										
数量										
账期										
销售额										
成本										
毛利										
违约金										

表 4－12　综合管理费用明细表

项目	金额
管理费	
广告费	
设备维护费	
损失	
转产费	
厂房租金	
新市场开拓	
ISO 资格认证	
产品研发	
信息费	
合计	

表 4－13　利润表

项目	金额
销售收入	
直接成本	
毛利	
综合费用	
折旧前利润	
折旧	
支付利息前利润	
财务费用	
税前利润	
所得税	
年度净利润	

表 4－14　资产负债表

项目	金额	项目	金额
现金		长期负债	
应收账款		短期负债	
在制品		应付账款	
产成品		应交税金	
原材料		一年内到期的长期负债	
流动资产合计		负债合计	
厂房		股东资本	
生产线		利润留存	
在建工程		年度净利	
固定资产合计		所有者权益合计	
资产总计		负债和所有者权益总计	

表 4－15

企业经营流程

（企业第 3 年运营）

<table>
<tr><td colspan="8">企业经营流程每执行完一项操作，CEO 请在相应的方格内划勾。请按顺序执行下列各项操作。财务总监（助理）在方格中填写现金收支情况。</td></tr>
<tr><td rowspan="7">年初</td><td colspan="3">年初现金余额</td><td></td><td></td><td></td><td></td></tr>
<tr><td colspan="3">广告投入</td><td></td><td></td><td></td><td></td></tr>
<tr><td colspan="3">参加订货会/登记销售订单</td><td></td><td></td><td></td><td></td></tr>
<tr><td colspan="3">支付应付税</td><td></td><td></td><td></td><td></td></tr>
<tr><td rowspan="3">长期贷款</td><td colspan="2">支付长贷利息</td><td></td><td></td><td></td><td></td></tr>
<tr><td colspan="2">更新长期贷款/长期贷款还款</td><td></td><td></td><td></td><td></td></tr>
<tr><td colspan="2">申请长期贷款</td><td></td><td></td><td></td><td></td></tr>
<tr><td>1</td><td colspan="3">季初现金盘点</td><td></td><td></td><td></td><td></td></tr>
<tr><td>2</td><td colspan="3">出售库存材料（随时进行）</td><td></td><td></td><td></td><td></td></tr>
<tr><td>3</td><td colspan="3">出售库存产品（随时进行）</td><td></td><td></td><td></td><td></td></tr>
<tr><td>4</td><td colspan="3">厂房贴现（随时进行）</td><td></td><td></td><td></td><td></td></tr>
<tr><td>5</td><td colspan="3">应收款贴现（随时进行）</td><td></td><td></td><td></td><td></td></tr>
<tr><td rowspan="2">6</td><td colspan="2" rowspan="2">更新短期贷款/
短期贷款还本付息</td><td>支付利息</td><td></td><td></td><td></td><td></td></tr>
<tr><td>偿还本金</td><td></td><td></td><td></td><td></td></tr>
<tr><td>7</td><td colspan="3">申请短期贷款</td><td></td><td></td><td></td><td></td></tr>
<tr><td>8</td><td colspan="3">原材料入库/更新原料订单</td><td></td><td></td><td></td><td></td></tr>
<tr><td>9</td><td colspan="3">下原料订单</td><td></td><td></td><td></td><td></td></tr>
<tr><td>10</td><td colspan="3">购买厂房</td><td></td><td></td><td></td><td></td></tr>
<tr><td>11</td><td colspan="3">租用厂房</td><td></td><td></td><td></td><td></td></tr>
<tr><td>12</td><td colspan="3">更新生产/完工入库</td><td></td><td></td><td></td><td></td></tr>
<tr><td>13</td><td colspan="3">新建生产线</td><td></td><td></td><td></td><td></td></tr>
<tr><td>14</td><td colspan="3">变卖生产线</td><td></td><td></td><td></td><td></td></tr>
<tr><td>15</td><td colspan="3">生产线转产</td><td></td><td></td><td></td><td></td></tr>
<tr><td>16</td><td colspan="3">原料紧急采购（随时进行）</td><td></td><td></td><td></td><td></td></tr>
<tr><td>17</td><td colspan="3">产品紧急采购（随时进行）</td><td></td><td></td><td></td><td></td></tr>
<tr><td>18</td><td colspan="3">开始下一批生产</td><td></td><td></td><td></td><td></td></tr>
<tr><td>19</td><td colspan="3">更新应收款/应收款收现</td><td></td><td></td><td></td><td></td></tr>
<tr><td>20</td><td colspan="3">按订单交货</td><td></td><td></td><td></td><td></td></tr>
<tr><td>21</td><td colspan="3">产品研发投资</td><td></td><td></td><td></td><td></td></tr>
<tr><td>22</td><td colspan="3">厂房——出售（买转租）/退租</td><td></td><td></td><td></td><td></td></tr>
<tr><td>23</td><td colspan="3">厂房——租转买</td><td></td><td></td><td></td><td></td></tr>
<tr><td>24</td><td colspan="3">新市场开拓</td><td></td><td></td><td></td><td></td></tr>
<tr><td>25</td><td colspan="3">ISO 资格认证投资</td><td></td><td></td><td></td><td></td></tr>
<tr><td>26</td><td colspan="3">支付管理费</td><td></td><td></td><td></td><td></td></tr>
<tr><td>27</td><td colspan="3">支付厂房租金</td><td></td><td></td><td></td><td></td></tr>
<tr><td rowspan="5">年末</td><td colspan="3">缴纳违约订单罚款</td><td></td><td></td><td></td><td></td></tr>
<tr><td colspan="3">支付设备维护费</td><td></td><td></td><td></td><td></td></tr>
<tr><td colspan="3">计提折旧</td><td></td><td></td><td></td><td></td></tr>
<tr><td colspan="3">新市场开拓/ISO 资格认证换证</td><td></td><td></td><td></td><td></td></tr>
<tr><td colspan="3">结账</td><td></td><td></td><td></td><td></td></tr>
</table>

表 4-16　　现金预算表

项目	1	2	3	4
期初库存现金				
市场广告投入				
支付应付税				
支付长贷利息				
支付短贷利息/到期短贷				
原材料采购支付现金				
购买/租用——厂房支付现金				
生产线投资				
转产费用				
工人工资				
收到现金前的所有支出				
应收款到期				
产品研发现金支出				
新市场开拓/ISO 资格投资				
支付设备维护费				
计提折旧				
新市场/ISO 资格换证				
其他				
库存现金余额				

表 4-17　　订单登记表

订单号											合计
市场											
产品											
数量											
账期											
销售额											
成本											
毛利											
违约金											

表 4－18 综合管理费用明细表

项目	金额
管理费	
广告费	
设备维护费	
损失	
转产费	
厂房租金	
新市场开拓	
ISO 资格认证	
产品研发	
信息费	
合计	

表 4－19 利润表

项目	金额
销售收入	
直接成本	
毛利	
综合费用	
折旧前利润	
折旧	
支付利息前利润	
财务费用	
税前利润	
所得税	
年度净利润	

表 4－20 资产负债表

项目	金额	项目	金额
现金		长期负债	
应收账款		短期负债	
在制品		应付账款	
产成品		应交税金	
原材料		一年内到期的长期负债	
流动资产合计		负债合计	
厂房		股东资本	
生产线		利润留存	
在建工程		年度净利	
固定资产合计		所有者权益合计	
资产总计		负债和所有者权益总计	

表 4 – 21　　企业经营流程

（企业第 4 年运营）

企业经营流程每执行完一项操作，CEO 请在相应的方格内划勾。请按顺序执行下列各项操作。财务总监（助理）在方格中填写现金收支情况。						
年初	年初现金余额					
	广告投入					
	参加订货会/登记销售订单					
	支付应付税					
	长期贷款	支付长贷利息				
		更新长期贷款/长期贷款还款				
		申请长期贷款				
1	季初现金盘点					
2	出售库存材料（随时进行）					
3	出售库存产品（随时进行）					
4	厂房贴现（随时进行）					
5	应收款贴现（随时进行）					
6	更新短期贷款/短期贷款还本付息	支付利息				
		偿还本金				
7	申请短期贷款					
8	原材料入库/更新原料订单					
9	下原料订单					
10	购买厂房					
11	租用厂房					
12	更新生产/完工入库					
13	新建生产线					
14	变卖生产线					
15	生产线转产					
16	原料紧急采购（随时进行）					
17	产品紧急采购（随时进行）					
18	开始下一批生产					
19	更新应收款/应收款收现					
20	按订单交货					
21	产品研发投资					
22	厂房——出售（买转租）/退租					
23	厂房——租转买					
24	新市场开拓					
25	ISO 资格认证投资					
26	支付管理费					
27	支付厂房租金					
年末	缴纳违约订单罚款					
	支付设备维护费					
	计提折旧					
	新市场开拓/ISO 资格认证换证					
	结账					

表 4－22　　现金预算表

项目	1	2	3	4
期初库存现金				
市场广告投入				
支付应付税				
支付长贷利息				
支付短贷利息/到期短贷				
原材料采购支付现金				
购买/租用——厂房支付现金				
生产线投资				
转产费用				
工人工资				
收到现金前的所有支出				
应收款到期				
产品研发现金支出				
新市场开拓/ISO 资格投资				
支付设备维护费				
计提折旧				
新市场/ISO 资格换证				
其他				
库存现金余额				

表 4－23　　订单登记表

订单号											合计
市场											
产品											
数量											
账期											
销售额											
成本											
毛利											
违约金											

表 4-24　综合管理费用明细表

项目	金额
管理费	
广告费	
设备维护费	
损失	
转产费	
厂房租金	
新市场开拓	
ISO 资格认证	
产品研发	
信息费	
合计	

表 4-25　利润表

项目	金额
销售收入	
直接成本	
毛利	
综合费用	
折旧前利润	
折旧	
支付利息前利润	
财务费用	
税前利润	
所得税	
年度净利润	

表 4-26　资产负债表

项目	金额	项目	金额
现金		长期负债	
应收账款		短期负债	
在制品		应付账款	
产成品		应交税金	
原材料		一年内到期的长期负债	
流动资产合计		负债合计	
厂房		股东资本	
生产线		利润留存	
在建工程		年度净利	
固定资产合计		所有者权益合计	
资产总计		负债和所有者权益总计	

表 4 – 27 **企业经营流程**

（企业第 5 年运营）

企业经营流程每执行完一项操作，CEO 请在相应的方格内划勾。请按顺序执行下列各项操作。财务总监（助理）在方格中填写现金收支情况。						
年初	年初现金余额					
	广告投入					
	参加订货会/登记销售订单					
	支付应付税					
	长期贷款	支付长贷利息				
		更新长期贷款/长期贷款还款				
		申请长期贷款				
1	季初现金盘点					
2	出售库存材料（随时进行）					
3	出售库存产品（随时进行）					
4	厂房贴现（随时进行）					
5	应收款贴现（随时进行）					
6	更新短期贷款/短期贷款还本付息	支付利息				
		偿还本金				
7	申请短期贷款					
8	原材料入库/更新原料订单					
9	下原料订单					
10	购买厂房					
11	租用厂房					
12	更新生产/完工入库					
13	新建生产线					
14	变卖生产线					
15	生产线转产					
16	原料紧急采购（随时进行）					
17	产品紧急采购（随时进行）					
18	开始下一批生产					
19	更新应收款/应收款收现					
20	按订单交货					
21	产品研发投资					
22	厂房——出售（买转租）/退租					
23	厂房——租转买					
24	新市场开拓					
25	ISO 资格认证投资					
26	支付管理费					
27	支付厂房租金					
年末	缴纳违约订单罚款					
	支付设备维护费					
	计提折旧					
	新市场开拓/ISO 资格认证换证					
	结账					

表 4－28　　现金预算表

项目	1	2	3	4
期初库存现金				
市场广告投入				
支付应付税				
支付长贷利息				
支付短贷利息/到期短贷				
原材料采购支付现金				
购买/租用——厂房支付现金				
生产线投资				
转产费用				
工人工资				
收到现金前的所有支出				
应收款到期				
产品研发现金支出				
新市场开拓/ISO 资格投资				
支付设备维护费				
计提折旧				
新市场/ISO 资格换证				
其他				
库存现金余额				

表 4－29　　订单登记表

订单号											合计
市场											
产品											
数量											
账期											
销售额											
成本											
毛利											
违约金											

表 4－30　综合管理费用明细表

项目	金额
管理费	
广告费	
设备维护费	
损失	
转产费	
厂房租金	
新市场开拓	
ISO 资格认证	
产品研发	
信息费	
合计	

表 4－31　利润表

项目	金额
销售收入	
直接成本	
毛利	
综合费用	
折旧前利润	
折旧	
支付利息前利润	
财务费用	
税前利润	
所得税	
年度净利润	

表 4－32　资产负债表

项目	金额	项目	金额
现金		长期负债	
应收账款		短期负债	
在制品		应付账款	
产成品		应交税金	
原材料		一年内到期的长期负债	
流动资产合计		负债合计	
厂房		股东资本	
生产线		利润留存	
在建工程		年度净利	
固定资产合计		所有者权益合计	
资产总计		负债和所有者权益总计	

表 4－33 **企业经营流程**

（企业第 6 年运营）

企业经营流程每执行完一项操作，CEO 请在相应的方格内划勾。请按顺序执行下列各项操作。财务总监（助理）在方格中填写现金收支情况。						
年初	年初现金余额					
	广告投入					
	参加订货会/登记销售订单					
	支付应付税					
	长期贷款	支付长贷利息				
		更新长期贷款/长期贷款还款				
		申请长期贷款				
1	季初现金盘点					
2	出售库存材料（随时进行）					
3	出售库存产品（随时进行）					
4	厂房贴现（随时进行）					
5	应收款贴现（随时进行）					
6	更新短期贷款/短期贷款还本付息	支付利息				
		偿还本金				
7	申请短期贷款					
8	原材料入库/更新原料订单					
9	下原料订单					
10	购买厂房					
11	租用厂房					
12	更新生产/完工入库					
13	新建生产线					
14	变卖生产线					
15	生产线转产					
16	原料紧急采购（随时进行）					
17	产品紧急采购（随时进行）					
18	开始下一批生产					
19	更新应收款/应收款收现					
20	按订单交货					
21	产品研发投资					
22	厂房——出售（买转租）/退租					
23	厂房——租转买					
24	新市场开拓					
25	ISO 资格认证投资					
26	支付管理费					
27	支付厂房租金					
年末	缴纳违约订单罚款					
	支付设备维护费					
	计提折旧					
	新市场开拓/ISO 资格认证换证					
	结账					

表 4 - 34 现金预算表

项目	1	2	3	4
期初库存现金				
市场广告投入				
支付应付税				
支付长贷利息				
支付短贷利息/到期短贷				
原材料采购支付现金				
购买/租用——厂房支付现金				
生产线投资				
转产费用				
工人工资				
收到现金前的所有支出				
应收款到期				
产品研发现金支出				
新市场开拓/ISO 资格投资				
支付设备维护费				
计提折旧				
新市场/ISO 资格换证				
其他				
库存现金余额				

表 4 - 35 订单登记表

订单号											合计
市场											
产品											
数量											
账期											
销售额											
成本											
毛利											
违约金											

表 4-36　综合管理费用明细表

项目	金额
管理费	
广告费	
设备维护费	
损失	
转产费	
厂房租金	
新市场开拓	
ISO 资格认证	
产品研发	
信息费	
合计	

表 4-37　利润表

项目	金额
销售收入	
直接成本	
毛利	
综合费用	
折旧前利润	
折旧	
支付利息前利润	
财务费用	
税前利润	
所得税	
年度净利润	

表 4-38　资产负债表

项目	金额	项目	金额
现金		长期负债	
应收账款		短期负债	
在制品		应付账款	
产成品		应交税金	
原材料		一年内到期的长期负债	
流动资产合计		负债合计	
厂房		股东资本	
生产线		利润留存	
在建工程		年度净利	
固定资产合计		所有者权益合计	
资产总计		负债和所有者权益总计	

第三节　数智企业经营管理沙盘实战策划

本案例策划：

初始资金为 60 万元，第 1 年不做长期贷款，买一个大厂房，第 1 季度建 2 条柔性线，用来生产 P1，第 2 季度 2 条全自动生产线，用来生产 P2，研发 P1、P2。第 1 季度开始每季度 20 万元短期贷款，共贷 80 万元，投 5 万元进行市场开拓，ISO 认证暂时不开。

表 4－39　企业经营流程

（企业运营表第 1 年）　　单位：万元

年初	年初现金余额					
	广告投放					
	参加订货会/登记销售订单					
	支付应付税					
	长期贷款	支付长贷利息				
		偿还到期长贷				
		申请长期贷款				
1	季初现金盘点		60	27	24	22
2	出售库存材料（随时进行）	费用损失（账面余额－收现）				
3		现金流入				
4	出售库存产品（随时进行）	费用损失（账面余额－收现）				
5		现金流入				
6	厂房贴现（随时进行）	费用损失（账面余额－收现）				
7		现金流入				
8	应收款贴现（随时进行）	费用损失（账面余额－收现）				
9		现金流入				
10	更新短期贷款/短期贷款还款	支付利息				
11		偿还本金				
12	申请短期贷款		20	20	20	20
13	原材料入库/更新原料订单（支付材料购款）					
14	下原料订单					
15	购买－厂房		40			
16	租用－厂房					
17	更新生产/完工入库					

续表

18	新建生产线		10	20	20	20
19	变卖生产线	费用损失（账面余额－残值）				
20		现金流入				
21	在建生产线完工					
22	生产线转产					
23	原料紧急采购（随时进行）	额外费用－现金流出				
		产品生产成本－现金流出				
24	产品紧急采购（随时进行）	额外费用－现金流出				
		原材料成本－现金流出				
25	开始下一批生产	材料成本				
		生产费用－现金流出				
26	更新应收款/应收款收现－现金流入					
27	按订单交货					
28	产品研发投资－现金流出		2	2	1	1
29	厂房——出售（买转租）/退租					
30	厂房——租转买－现金流出（购买厂房）					
31	新市场开拓－现金流出					5
32	ISO 资格认证投资－现金流出					
33	支付管理费－现金流出		1	1	1	1
34	更新厂房租金－现金流出					
35	季末对账		27	24	22	15
年末	缴纳违约订单罚款－现金流出					
	支付设备维护费－现金流出					
	计提折旧					0
	新市场开拓/ISO 资格认证换证					
	结账					15

表 4－40　原材料订单登记表

第 1 年	第 1 季度				第 2 季度				第 3 季度				第 4 季度			
原材料	R1	R2	R3	R4	R1	R2	R3	R4	R1	R2	R3	R4	R1	R2	R3	R4
订购量/个											2		2	2	2	

表 4 – 41　综合管理费用明细表

项目	金额/万元
管理费	4
广告费	0
设备维护费	0
损失	0
转产费	0
厂房租金	0
新市场开拓	5
ISO 资格认证	0
产品研发	6
信息费	0
合计	15

表 4 – 42　利润表

项目	金额/万元
销售收入	0
直接成本	0
毛利	0
综合费用	15
折旧前利润	– 15
折旧	0
支付利息前利润	– 15
财务费用	0
税前利润	– 15
所得税	0
年度净利润	– 15

表 4 – 43　资产负债表

项目	金额/万元	项目	金额/万元
现金	15	长期负债	0
应收账款	0	短期负债	80
在制品	0	应交所得税	0
产成品	0	—	—
原材料	0	—	—
流动资产合计	15	负债合计	70
厂房	40	股东资本	60
生产线	0	利润留存	0
在建工程	70	年度净利	– 15
固定资产合计	100	所有者权益合计	45
资产总计	125	负债和所有者权益总计	125

第 2 年开始投入广告费 10 万元，取得 6 个 P1、6 个 P2 的订单总销售额 72 万元，如表 4 – 44、表 4 – 45 所示。贷长期贷款 55 万元，第 1 季度开始继续滚 20 万元短贷，第 3 季度开始研发 P3，第 4 季度柔性线转产生产 P2。4 条生产线全部生产 P2，第 4 季度到账 15 万元应收款。继续市场开拓，到第 3 年年初拥有本地、区域、国内 3 个市场。

表 4－44　　**广告登记表**

产品/市场	本地/万元	区域/万元	国内/万元	亚洲/万元	国际/万元	合计/万元
P1	2	2				4
P2	3	3				6
P3						
P4						

表 4－45　　**订单登记表**

销售产品	P1	P2	P3	P4	合计
数量/个	6	6			12
销售额/万元	30	42			72
总成本/万元	12	18			30
毛利/万元	18	24			42

表 4－46　　**原材料登记表**

第 2 年	第 1 季度				第 2 季度				第 3 季度				第 4 季度			
原材料	R1	R2	R3	R4	R1	R2	R3	R4	R1	R2	R3	R4	R1	R2	R3	R4
订购量/个	2	2	2		2	2	4			4	4			4	4	

表 4－47　　**企业经营流程**

（企业运营表第 2 年）　　单位：万元

年初	年初现金余额		15			
	广告投放		10			
	参加订货会/登记销售订单					
	支付应付税					
	长期贷款	支付长贷利息				
		偿还到期长贷				
		申请长期贷款	55			
1	季初现金盘点		60	48	36	23
2	出售库存材料	费用损失（账面余额－收现）				
3	（随时进行）	现金流入				
4	出售库存产品	费用损失（账面余额－收现）				
5	（随时进行）	现金流入				
6	厂房贴现	费用损失（账面余额－收现）				
7	（随时进行）	现金流入				
8	应收款贴现	费用损失（账面余额－收现）				
9	（随时进行）	现金流入				

续表

10	更新短期贷款/短期贷款还款	支付利息	1	1	1	1
11		偿还本金	20	20	20	20
12	申请短期贷款		20	20	20	20
13	原材料入库/更新原料订单（支付材料购款）		6	6	6	8
14	下原料订单					
15	购买－厂房					
16	租用－厂房					
17	更新生产/完工入库					
18	新建生产线					
19	变卖生产线	费用损失（账面余额－残值）				
20		现金流入				
21	在建生产线完工					
22	生产线转产					
23	原料紧急采购（随时进行）	额外费用－现金流出				
		产品生产成本－现金流出				
24	产品紧急采购（随时进行）	额外费用－现金流出				
		原材料成本－现金流出				
25	开始下一批生产	材料成本				
		生产费用－现金流出	4	4	4	4
26	更新应收款/应收款收现－现金流入					
27	按订单交货					
28	产品研发投资－现金流出				1	1
29	厂房——出售（买转租）/退租					
30	厂房——租转买－现金流出（购买厂房）					
31	新市场开拓－现金流出					3
32	ISO 资格认证投资－现金流出					
33	支付管理费－现金流出		1	1	1	1
34	更新厂房租金－现金流出					
35	季末对账		48	36	23	20
年末	缴纳违约订单罚款－现金流出					
	支付设备维护费－现金流出					4
	计提折旧					0
	新市场开拓/ISO 资格认证换证					
	结账					16

表 4－48　综合管理费用明细表

项目	金额/万元
管理费	4
广告费	10
设备维护费	0
损失	4
转产费	0
厂房租金	0
新市场开拓	3
ISO 资格认证	0
产品研发	2
信息费	0
合计	23

表 4－49　利润表

项目	金额/万元
销售收入	72
直接成本	30
毛利	42
综合费用	23
折旧前利润	19
折旧	0
支付利息前利润	19
财务费用	4
税前利润	15
所得税	0
年度净利润	15

表 4－50　资产负债表

项目	金额/万元	项目	金额/万元
现金	16	长期负债	55
应收账款	57	短期负债	80
在制品	12	应交所得税	
产成品	0	—	—
原材料	0	—	—
流动资产合计	85	负债合计	135
厂房	40	股东资本	60
生产线	70	利润留存	－15
在建工程		年度净利	15
固定资产合计	110	所有者权益合计	60
资产总计	195	负债和所有者权益总计	195

第 3 年开始投入 9 万元广告费，取得 16 个 P2 订单，总销售额 112 万元。长期贷款贷 35 万元，每季度滚 20 万元短期贷款，继续研发 P3，第 2 季度开始新建 2 条自动线，用于生产 P3。第 3 季度开始研发 P4，第 4 季度 2 条自动线转产生产 P3。2 条柔性线继续生产 2 个 P2。继续开拓市场，第 4 年将拥有本地、区域、国内、亚洲 4 个市场。第 4 年生产的产品全部为 P3。

表 4－51　广告登记表

产品/市场	本地/万元	区域/万元	国内/万元	亚洲/万元	国际/万元	合计/万元
P1						

续表

产品/市场	本地/万元	区域/万元	国内/万元	亚洲/万元	国际/万元	合计/万元
P2	3	3	3			9
P3						
P4						

表 4-52　　订单登记表

销售产品	P1	P2	P3	P4	合计
数量/个		16			16
销售额/万元		112			112
总成本/万元		48			48
毛利/万元		64			64

表 4-53　　原材料登记表

第 1 年	第 1 季度				第 2 季度				第 3 季度				第 4 季度			
原材料	R1	R2	R3	R4	R1	R2	R3	R4	R1	R2	R3	R4	R1	R2	R3	R4
订购量/个		4	4			4	2			2	6	6	6		6	6

表 4-54　　企业经营流程

（企业运营表第 3 年）　　单位：万元

年初	年初现金余额		16			
	应收款贴现（随时进行）	费用损失				
		现金流入				
	广告投放		9			
	参加订货会/登记销售订单					
	支付应付税					
	长期贷款	支付长贷利息	6			
		偿还到期长贷				
		申请长期贷款	45			
1	季初现金盘点		46	89	65	41
2	出售库存材料（随时进行）	费用损失（账面余额－收现）				
3		现金流入				
4	出售库存产品（随时进行）	费用损失（账面余额－收现）				
5		现金流入				
6	厂房贴现（随时进行）	费用损失（账面余额－收现）				
7		现金流入				

续表

8	应收款贴现（随时进行）	费用损失（账面余额－收现）				
9		现金流入				
10	更新短期贷款/短期贷款还款	支付利息	1	1	1	1
11		偿还本金	20	20	20	20
12	申请短期贷款		20	20	20	20
13	原材料入库/更新原料订单（支付材料购款）		8	8	8	4
14	下原料订单					
15	购买－厂房					
16	租用－厂房					
17	更新生产/完工入库					
18	新建生产线			10	10	10
19	变卖生产线	费用损失（账面余额－残值）				
20		现金流入				
21	在建生产线完工					
22	生产线转产					4
23	原料紧急采购（随时进行）	额外费用－现金流出				
		产品生产成本－现金流出				
24	产品紧急采购（随时进行）	额外费用－现金流出				
		原材料成本－现金流出				
25	开始下一批生产	材料成本				
		生产费用－现金流出	4	4	4	2
26	更新应收款/应收款收现－现金流入		57			28
27	按订单交货					
28	产品研发投资－现金流出		1	1	3	3
29	厂房——出售（买转租）/退租					
30	厂房——租转买－现金流出（购买厂房）					
31	新市场开拓－现金流出					2
32	ISO 资格认证投资－现金流出					
33	支付管理费－现金流出		1	1	1	1
34	更新厂房租金－现金流出					
35	季末对账		89	65	41	37
年末	缴纳违约订单罚款－现金流出					
	支付设备维护费－现金流出					4
	计提折旧					14
	新市场开拓/ ISO 资格认证换证					
	结账					33

表 4-55　综合管理费用明细表

项目	金额/万元
管理费	4
广告费	9
设备维护费	4
损失	0
转产费	4
厂房租金	0
新市场开拓	2
ISO 资格认证	0
产品研发	8
信息费	0
合计	31

表 4-56　利润表

项目	金额/万元
销售收入	112
直接成本	48
毛利	64
综合费用	31
折旧前利润	33
折旧	14
支付利息前利润	19
财务费用	10
税前利润	9
所得税	2
年度净利润	7

表 4-57　资产负债表

项目	金额/万元	项目	金额/万元
现金	33	长期负债	100
应收账款	84	短期负债	80
在制品	6	应交所得税	2
产成品	0	—	—
原材料	0	—	—
流动资产合计	123	负债合计	182
厂房	40	股东资本	60
生产线	56	利润留存	
在建工程	30	年度净利	7
固定资产合计	126	所有者权益合计	67
资产总计	249	负债和所有者权益总计	249

第 4 年投入广告费 13 万元，取得 2 个 P2 订单，18 个 P3 订单，总销售额为 176 万元，申请 30 万元长期贷款，每季滚 20 万元短贷。继续研发 P4。第 2 季度买一个小厂房，建设 4 条自动线，用于生产 P4。继续市场开拓，第 5 年拥有本地、区域、国内、亚洲、国际 5 个市场，拥有 10 条生产线。第 4 季度 4 条自动线转产生产 P4。

表 4－58 广告登记表

产品/市场	本地/万元	区域/万元	国内/万元	亚洲/万元	国际/万元	合计/万元
P1						
P2	1					1
P3	3	3	3	3		12
P4						

表 4－59 订单登记表

销售产品	P1	P2	P3	P4	合计
数量/个		2	18		
销售额/万元		14	162		176
总成本/万元		6	72		78
毛利/万元		8	90		98

表 4－60 原材料登记表

第 1 年	第 1 季度				第 2 季度				第 3 季度				第 4 季度			
原材料	R1	R2	R3	R4	R1	R2	R3	R4	R1	R2	R3	R4	R1	R2	R3	R4
订购量/个	6		6	6	6		2	2	2		10	20		10	10	20

表 4－61 企业经营流程

（企业运营表第 4 年） 单位：万元

年初	年初现金余额		33			
	应收款贴现（随时进行）	费用损失				
		现金流入				
	广告投放		13			
	参加订货会/登记销售订单					
	支付应付税		2			
	长期贷款	支付长贷利息	10			
		偿还到期长贷				
		申请长期贷款	30			
1	季初现金盘点		38	94	52	40
2	出售库存材料（随时进行）	费用损失（账面余额－收现）				
3		现金流入				
4	出售库存产品（随时进行）	费用损失（账面余额－收现）				
5		现金流入				
6	厂房贴现（随时进行）	费用损失（账面余额－收现）				
7		现金流入				

续表

8	应收款贴现（随时进行）	费用损失（账面余额－收现）				
9		现金流入				
10	更新短期贷款/短期贷款还款	支付利息	1	1	1	1
11		偿还本金	20	20	20	20
12	申请短期贷款		20	20	20	20
13	原材料入库/更新原料订单（支付材料购款）		18	18	18	6
14	下原料订单					
15	购买－厂房			30		
16	租用－厂房					
17	更新生产/完工入库					
18	新建生产线			20	20	20
19	变卖生产线	费用损失（账面余额－残值）				
20		现金流入				
21	在建生产线完工					
22	生产线转产					8
23	原料紧急采购（随时进行）	额外费用－现金流出				
		产品生产成本－现金流出				
24	产品紧急采购（随时进行）	额外费用－现金流出				
		原材料成本－现金流出				
25	开始下一批生产	材料成本				
		生产费用－现金流出	6	6	6	2
26	更新应收款/应收款收现－现金流入		57	36	36	54
27	按订单交货					
28	产品研发投资－现金流出		2	2	2	2
29	厂房——出售（买转租）/退租					
30	厂房——租转买－现金流出（购买厂房）					
31	新市场开拓－现金流出					1
32	ISO 资格认证投资－现金流出					
33	支付管理费－现金流出		1	1	1	1
34	更新厂房租金－现金流出					
35	季末对账		94	52	40	53
年末	缴纳违约订单罚款－现金流出					
	支付设备维护费－现金流出					6
	计提折旧					14
	新市场开拓/ ISO 资格认证换证					
	结账					47

表 4－62　综合管理费用明细表

项目	金额/万元
管理费	4
广告费	13
设备维护费	6
损失	0
转产费	8
厂房租金	0
新市场开拓	1
ISO 资格认证	0
产品研发	8
信息费	0
合计	40

表 4－63　利润表

项目	金额/万元
销售收入	176
直接成本	78
毛利	98
综合费用	40
折旧前利润	58
折旧	14
支付利息前利润	44
财务费用	14
税前利润	30
所得税	8
年度净利润	22

表 4－64　资产负债表

项目	金额/万元	项目	金额/万元
现金	47	长期负债	130
应收账款	50	短期负债	80
在制品	8	应交所得税	8
产成品	0	—	—
原材料	0	—	—
流动资产合计	105	负债合计	218
厂房	70	股东资本	60
生产线	72	利润留存	7
在建工程	60	年度净利	22
固定资产合计	202	所有者权益合计	89
资产总计	307	负债和所有者权益总计	307

第 5 年投入广告费 17 万元，取得 2 个 P3、30 个 P4 订单，总销售额为 176 万元。

表 4－65 广告登记表

产品/市场	本地/万元	区域/万元	国内/万元	亚洲/万元	国际/万元	合计/万元
P1						
P2						
P3	1					1
P4	3	3	3	3	4	16

表 4－66 订单登记表

销售产品	P1	P2	P3	P4	合计
数量/个			2	30	
销售额/万元			18	330	348
总成本/万元			8	150	158
毛利/万元			10	180	190

表 4－67 原材料登记表

第 1 年	第 1 季度				第 2 季度				第 3 季度				第 4 季度			
原材料	R1	R2	R3	R4	R1	R2	R3	R4	R1	R2	R3	R4	R1	R2	R3	R4
订购量/个		10	10	20		10	10	20		10	10	20		10	10	20

表 4－68 企业经营流程

（企业运营表第 5 年） 单位：万元

年初	年初现金余额		47			
	应收款贴现（随时进行）	费用损失				
		现金流入				
	广告投放		17			
	参加订货会/登记销售订单					
	支付应付税		8			
	长期贷款	支付长贷利息	10			
		偿还到期长贷				
		申请长期贷款	50			
1	季初现金盘点		59	57	45	59
2	出售库存材料（随时进行）	费用损失（账面余额－收现）				
3		现金流入				
4	出售库存产品（随时进行）	费用损失（账面余额－收现）				
5		现金流入				
6	厂房贴现（随时进行）	费用损失（账面余额－收现）				
7		现金流入				

续表

8	应收款贴现（随时进行）	费用损失（账面余额－收现）				
9		现金流入				
10	更新短期贷款/短期贷款还款	支付利息	1	1	1	1
11		偿还本金	20	20	20	20
12	申请短期贷款		20	20	20	20
13	原材料入库/更新原料订单（支付材料购款）		40	40	40	40
14	下原料订单					
15	购买－厂房					
16	租用－厂房					
17	更新生产/完工入库					
18	新建生产线					
19	变卖生产线	费用损失（账面余额－残值）				
20		现金流入				
21	在建生产线完工					
22	生产线转产					
23	原料紧急采购（随时进行）	额外费用－现金流出				
		产品生产成本－现金流出				
24	产品紧急采购（随时进行）	额外费用－现金流出				
		原材料成本－现金流出				
25	开始下一批生产	材料成本				
		生产费用－现金流出	10	10	10	10
26	更新应收款/应收款收现－现金流入		50	40	66	77
27	按订单交货					
28	产品研发投资－现金流出					
29	厂房——出售（买转租）/退租					
30	厂房——租转买－现金流出（购买厂房）					
31	新市场开拓－现金流出					
32	ISO 资格认证投资－现金流出					
33	支付管理费－现金流出		1	1	1	1
34	更新厂房租金－现金流出					
35	季末对账		57	45	59	84
年末	缴纳违约订单罚款－现金流出					
	支付设备维护费－现金流出					10
	计提折旧					20
	新市场开拓/ ISO 资格认证换证					
	结账					74

表 4－69 综合管理费用明细表

项目	金额/万元
管理费	4
广告费	17
设备维护费	10
损失	
转产费	
厂房租金	
新市场开拓	
ISO 资格认证	
产品研发	
信息费	
合计	31

表 4－70 利润表

项目	金额/万元
销售收入	348
直接成本	158
毛利	190
综合费用	31
折旧前利润	159
折旧	20
支付利息前利润	139
财务费用	17
税前利润	122
所得税	31
年度净利润	91

表 4－71 资产负债表

项目	金额/万元	项目	金额/万元
现金	63	长期负债	180
应收账款	176	短期负债	80
在制品	50	应交所得税	31
产成品		—	—
原材料		—	—
流动资产合计	289	负债合计	291
厂房	70	股东资本	60
生产线	112	利润留存	29
在建工程		年度净利	91
固定资产合计	182	所有者权益合计	180
资产总计	471	负债和所有者权益总计	471

第 6 年投入广告费 15 万元，取得 40 个 P4 总销售额为 440 万元的订单。

表 4－72　　广告登记表

产品/市场	本地/万元	区域/万元	国内/万元	亚洲/万元	国际/万元	合计/万元
P1						
P2	3	3	3	5	5	15
P3						
P4						

表 4－73　　订单登记表

销售产品	P1	P2	P3	P4	合计
数量/个				40	
销售额/万元				440	440
总成本/万元				200	200
毛利/万元				240	240

表 4－74　　原材料登记表

第 1 年	第 1 季度				第 2 季度				第 3 季度				第 4 季度			
原材料	R1	R2	R3	R4	R1	R2	R3	R4	R1	R2	R3	R4	R1	R2	R3	R4
订购量/个		10	10	20		10										

表 4－75　　企业经营流程

（企业运营表第 6 年）　　单位：万元

年初	年初现金余额		74			
	应收款贴现（随时进行）	费用损失				
		现金流入				
	广告投放		15			
	参加订货会/登记销售订单					
	支付应付税		31			
	长期贷款	支付长贷利息	18			
		偿还到期长贷				
		申请长期贷款	280			
1	季初现金盘点		290	403	351	299
2	出售库存材料（随时进行）	费用损失（账面余额－收现）				
3		现金流入				
4	出售库存产品（随时进行）	费用损失（账面余额－收现）				
5		现金流入				
6	厂房贴现（随时进行）	费用损失（账面余额－收现）				
7		现金流入				

续表

8	应收款贴现（随时进行）	费用损失（账面余额－收现）				
9		现金流入				
10	更新短期贷款/短期贷款还款	支付利息	1	1	1	1
11		偿还本金	20	20	20	20
12	申请短期贷款		20	20	20	20
13	原材料入库/更新原料订单（支付材料购款）		40	40	40	
14	下原料订单					
15	购买－厂房					
16	租用－厂房					
17	更新生产/完工入库					
18	新建生产线					
19	变卖生产线	费用损失（账面余额－残值）				
20		现金流入				
21	在建生产线完工					
22	生产线转产					
23	原料紧急采购（随时进行）	额外费用－现金流出				
		产品生产成本－现金流出				
24	产品紧急采购（随时进行）	额外费用－现金流出				
		原材料成本－现金流出				
25	开始下一批生产	材料成本				
		生产费用－现金流出	10	10	10	
26	更新应收款/应收款收现－现金流入		165			
27	按订单交货					
28	产品研发投资－现金流出					
29	厂房——出售（买转租）/退租					
30	厂房——租转买－现金流出（购买厂房）					
31	新市场开拓－现金流出					
32	ISO 资格认证投资－现金流出					
33	支付管理费－现金流出		1	1	1	1
34	更新厂房租金－现金流出					
35	季末对账		403	351	299	297
年末	缴纳违约订单罚款－现金流出					
	支付设备维护费－现金流出					10
	计提折旧					32
	新市场开拓/ISO 资格认证换证					
	结账					287

表 4－76　综合管理费用明细表

项目	金额/万元
管理费	4
广告费	15
设备维护费	10
损失	
转产费	
厂房租金	
新市场开拓	
ISO 资格认证	
产品研发	
信息费	
合计	29

表 4－77　利润表

项目	金额/万元
销售收入	440
直接成本	200
毛利	240
综合费用	29
折旧前利润	211
折旧	32
支付利息前利润	179
财务费用	22
税前利润	157
所得税	39
年度净利润	118

表 4－78　资产负债表

项目	金额/万元	项目	金额/万元
现金	287	长期负债	460
应收账款	440	短期负债	80
在制品		应交所得税	39
产成品		—	—
原材料		—	—
流动资产合计	845	负债合计	579
厂房	70	股东资本	60
生产线	80	利润留存	120
在建工程		年度净利	118
固定资产合计	150	所有者权益合计	298
资产总计	877	负债和所有者权益总计	877

第五章
沙盘模拟经营分析

第一节　财务分析

一、权益分析

权益问题是企业沙盘模拟经营中首要的、方向性的问题，如果不对权益进行深入透彻的理解和清醒的认识，就会因为决策失误而造成方向性的错误。股东权益最大化是企业追求的目标，权益的来源只有一个，即净利润。净利润由收入减去成本、综合费用、利息、税金而最后形成，可见影响权益的因素有收入、成本、综合费用、利息和税金等因素，其中收入也称为正因素，即收入越多权益越多。成本、综合费用、利息、税金称为负因素，即这些费用越少权益就越多。企业通过扩大销售增加收入，努力降低成本可以扩大利润，争取权益最大化，这也就是所谓的开源节流。

开源就是加快权益值的增加速度，多拿订单，多拿好单，以产能为依据，量入为出投放广告，掌握好资金投放比例。

节流就是减少权益值降低的速度，通过对各种影响权益的的费用进行预算，适当予以控制，从而进一步控制权益值的减少。

二、资金分析

资金分析包括融资渠道和现金流量分析。

1. 融资渠道分析：融资渠道有贷款、贴现和出售厂房。

（1）贷款：分为长期贷款、短期贷款。总额度为权益的 3 倍，如果第 1 年就贷满长期贷款，可以贷款 180 万元。

①长期贷款。每年年初可以进行贷款，选择权在企业。通常做法是第 1 年不做长期贷款选择，第 2 年把额度贷满且贷款期限拉到最长，贷满 5 年。总共经营 6 年，第 7 年模拟经营结束，不用偿还贷款本息。每年能否长期贷款，取决于权益。权益每年不能下降，而且还要增长。这样每年都能贷到额度不同的长期贷款。

②短期贷款。每年的季初都可以进行短期贷款。贷款多少选择权在企业。通常做法是每季贷款 20 万元短期贷款，下一年每季先还本付息 21 万元，等额度空出来再贷 20 万元，循环使用，这叫作滚短贷。每年滚短贷能否成立，取决于权益的增长。

（2）贴现：企业使用贴现这一筹资策略，必须了解自身每年的运作，了解生产中何时建线、建哪种线，了解市场开拓、广告投放，做好现金预算。当现金不足时，不要马上想到贴现，要尽量做到不贴现，贴现减少权益。

（3）出售厂房：出售厂房是无奈之举。出售厂房，可以得到 4 个账期的应收款，但难解燃眉之急，通常做法是厂房贴现。得到 30 万元资金，其中扣除 5 万元大厂房租金，5 万元财务损失。

2. 现金流量分析。现金是企业日常经营的血液，断流一天都不行。必须对现金进行管理，以达到三个目标：一是要持有足够的现金以便支付各种业务往来的需要；二是将闲置现金减少到最低限度；三是在资金短缺时，用最少代价筹集到所用资金。为达到现金管理的三个目标，必须要编制现金预算表，对现金流量予以控制。

第二节　市场分析

一、广告投放

广告投放是企业年度经营工作的开始，适当的广告策略不仅对本年度的经营成果有着直接影响，而且决定着企业整体发展前景。投放广告的目的是获取订单，从理论上讲，投放的广告费越多，获取的订单数量也越多。但是企业资源是有限的，订单、资金、产能都有限。因此怎样以最低的广告费获得最佳的订单，是每个企业必须考虑的问题。

（1）根据市场预测，获取每个市场的产品需求量、订单数量、订单单价来定各个市场的广告投入。

（2）根据竞争对手的多少决定各个市场的广告投入。

（3）力争市场第一。在某个市场投入比其他竞争对手更多的广告费，获得总额最多的订单，就可成为该市场的市场第一。市场第一战略的核心是守住自己的市场，保持绝对优势地位。市场第一在下一年中可以最少的投入获取最大的收益。

二、市场开发

根据规则，市场分为本地市场、区域市场、国内市场、亚洲市场和国际市场，企业除了拥有本地市场外，需开发其他市场。是集中开发还是分别开发，取决于企业对市场和产品的预测判断以及企业自身资金状况，同时还应考虑开发周期。

具体来说，本地市场，在初始的 3 年 P1、P2 产品价格较高，是很好的资本积累时机，而第 4 年以后，企业可以扩大再生产和开发新市场。区域市场，开发期短，市场规模不大，3 年后所有产品价格全面走低。何时开发，何时退出是个问题。国内市场，利润空间和产品需求相当可观，值得重点开发，缺点是它的开发周期和 P3 的研发周期相近，在第 3 年、第 4 年容易引来众多的竞争者。亚洲市场，开发期较长，但拥有 P3 的最高价格区间，虽然对 ISO 要求很高，但因产品价格不菲，可以弥补质量认证的投入。国际市场，对企业普遍吸引力不大。

三、产品开发

沙盘模拟企业的产品分为 P1、P2、P3、P4，根据市场预测表分析，P1 产品在第 1 年和第 2 年处于成熟期，在第 3 年以后会迅速进入衰退期，对于走下坡路的产品，不应追加投入，从长远看应逐渐淘汰。P2 产品市场价格稳定，价格较高，虽无太多市场增长的潜力可挖，仍是企业重点关注的产品，它可以为企业提供较多现金，用来支持其他产品的研发与生产。P3 市场潜力最大，卖价很高，利润增长空间巨大，但企业必须投入大量研发资金。同时巨大的市场前景会引来激烈竞争，选择哪个市场成为关键。P4 必须投入巨资进行研发，市场需求小，但卖价尚可，几乎没有竞争。

四、生产分析

1. 生产线分析。模拟企业生产线分为手工线、半自动、全自动和柔性线，不同类型的生产线，购置价格、生产效率、折旧费用以及转产的灵活性都不同，如表 5 – 1 所示。

表 5 – 1　　企业生产线分析

生产线	安置费	安装期	生产期	转产难易	转产费	生产批量
手工线	低	无	长（3Q）	容易	无	小
半自动线	较低	短（2Q）	中（2Q）	较难	低（1W）	中
自动线	高	长（4Q）	短（1Q）	困难	高（2W）	大
柔性线	高	长（4Q）	短（1Q）	容易	无	大

具体来说：

（1）手工线：生产效率太低，其生产周期为 3 个季度，每年只能生产 1.3 个 P 产品，优点是灵活性好，转产方便快捷，能节约投资成本。

（2）半自动线：优点是价格低，产能不如自动生产线，灵活性不如柔性生产线。

（3）全自动和柔性生产线：产能较高，每年能生产 4 个 P 产品。缺点是全自动线转产时的灵活性不如柔性线，而柔性线购买价格较高。

因此，在购置生产线，必须考虑以下因素：

（1）生产线的组合。通常按照生产效率来决定生产线的组合，也就是购置自动线和柔性线。

（2）生产线生产的产品类型。由于生产线生产的产品经常会出现转产的情况，根据有无转产费和转产周期，通常让自动线一开始就生产 P2 以上的高端产品。柔性线一开始可以生产 P1，以后逐年随意转产 P2、P3、P4 产品。

（3）生产线折旧。生产线的折旧影响公司的权益，而权益又决定了公司的融资规模和是否破产等，因此，生产的折旧直接影响公司的财务状况。由于折旧是在建成的第 2 年进行，所以应考虑生产线的建成时机。通常做法是第 1 年使生产线处于在建状态，这样可以使折旧推迟到第 3 年。

2. 产能分析。产能是由生产线的生产效率决定。每年产能通常只能计算到第 3 季度，第 4 季度生产的产品属于在制品，可以作为库存，结转到下一年，成为产成品，通过打广告可以卖出去。

附录

沙盘实战复盘

具体操作看现金流量表。

表 1　　厂房信息

名称	状态	容量	购价	租金	售价	最后付租	置办时间
大厂房	购买	6	40W	5W	40W	–	第 1 年第 1 季度
小厂房	购买	4	30W	3W	30W	–	第 3 年第 2 季度

表 2　　生产线信息

名称	厂房	产品	状态	累计投资	开产时间	转产时间	剩余时间	建成时间	开建时间
自动线	大厂房	P4	空闲	15W	–	–	0 季	第 2 年第 1 季度	第 1 年第 2 季度
自动线	大厂房	P4	空闲	15W	–	–	0 季	第 2 年第 1 季度	第 1 年第 2 季度
自动线	大厂房	P4	空闲	15W	–	–	0 季	第 2 年第 1 季度	第 1 年第 2 季度
自动线	大厂房	P4	空闲	15W	–	–	0 季	第 2 年第 1 季度	第 1 年第 2 季度
自动线	大厂房	P4	空闲	15W	–	–	0 季	第 3 年第 1 季度	第 2 年第 2 季度
自动线	大厂房	P4	空闲	15W	–	–	0 季	第 2 年第 1 季度	第 1 年第 2 季度
自动线	小厂房	P4	空闲	15W	–	–	0 季	第 5 年第 1 季度	第 4 年第 2 季度
自动线	小厂房	P4	空闲	15W	–	–	0 季	第 4 年第 1 季度	第 3 年第 2 季度
自动线	小厂房	P4	空闲	15W	–	–	0 季	第 4 年第 1 季度	第 3 年第 2 季度
自动线	小厂房	P4	空闲	15W	–	–	0 季	第 5 年第 1 季度	第 4 年第 2 季度

表 3　　市场开拓

名称	开拓费	周期	剩余时间	完成时间
本地	1W	1 年	0	第 1 年第 4 季度
区域	1W	1 年	0	第 1 年第 4 季度
国内	1W	2 年	0	第 2 年第 4 季度
亚洲	1W	3 年	0	第 3 年第 4 季度
国际	1W	4 年	0	第 4 年第 4 季度

表 4　　产品研发

名称	研发费	周期	剩余时间	完成时间
P4	2W	6 季	0	第 2 年第 2 季度

表 5　　ISO 认证

名称	研发费	周期	剩余时间	完成时间
ISO9000	1W	2 年	0	第 4 年第 4 季度
ISO14000	2W	2 年	0	第 4 年第 4 季度

表 6　　订单列表

市场	产品	数量	总价	状态	得单年份	交货期	账期	ISO	交货时间
本地	P4	5	53	已交货	3 年	4 季	0 季	–	第 3 年第 1 季度
本地	P4	1	11	已交货	4 年	3 季	0 季	–	第 4 年第 1 季度
本地	P4	4	53	已交货	4 年	4 季	2 季	–	第 4 年第 3 季度
本地	P4	7	85	已交货	5 年	4 季	3 季	–	第 5 年第 1 季度
本地	P4	3	40	已交货	5 年	4 季	4 季	–	第 5 年第 4 季度
本地	P4	5	67	已交货	6 年	4 季	4 季	–	第 6 年第 4 季度
本地	P4	5	61	已交货	6 年	3 季	4 季	–	第 6 年第 3 季度
区域	P4	5	57	已交货	2 年	4 季	0 季	–	第 2 年第 4 季度
区域	P4	6	66	已交货	3 年	4 季	0 季	–	第 3 年第 2 季度
区域	P4	4	51	已交货	4 年	4 季	3 季	–	第 4 年第 1 季度
区域	P4	1	12	已交货	4 年	4 季	2 季	–	第 4 年第 1 季度
区域	P4	6	74	已交货	4 年	4 季	4 季	–	第 4 年第 3 季度
区域	P4	5	60	已交货	5 年	4 季	0 季	–	第 5 年第 3 季度
区域	P4	3	34	已交货	5 年	4 季	0 季	–	第 5 年第 2 季度
区域	P4	7	86	已交货	6 年	3 季	0 季	–	第 6 年第 1 季度
区域	P4	7	86	已交货	6 年	3 季	1 季	–	第 6 年第 2 季度
区域	P4	7	83	已交货	6 年	3 季	0 季	–	第 6 年第 1 季度
国内	P4	4	48	已交货	3 年	4 季	2 季	–	第 3 年第 3 季度
国内	P4	1	12	已交货	3 年	4 季	0 季	–	第 3 年第 3 季度
国内	P4	6	77	已交货	4 年	4 季	1 季	–	第 4 年第 2 季度
国内	P4	6	71	已交货	4 年	2 季	0 季	–	第 4 年第 1 季度
国内	P4	3	37	已交货	5 年	4 季	0 季	–	第 5 年第 1 季度
国内	P4	1	13	已交货	5 年	4 季	0 季	–	第 5 年第 2 季度
国内	P4	6	71	已交货	5 年	1 季	0 季	–	第 5 年第 1 季度
国内	P4	3	37	已交货	6 年	3 季	1 季	–	第 6 年第 1 季度
国内	P4	7	86	已交货	6 年	3 季	1 季	ISO9000	第 6 年第 3 季度

续表

市场	产品	数量	总价	状态	得单年份	交货期	账期	ISO	交货时间
亚洲	P4	1	12	已交货	4 年	3 季	0 季	–	第 4 年第 1 季度
亚洲	P4	6	74	已交货	5 年	4 季	4 季	–	第 5 年第 2 季度
亚洲	P4	3	37	已交货	6 年	4 季	1 季	–	第 6 年第 4 季度
国际	P4	4	47	已交货	5 年	4 季	2 季	ISO9000	第 5 年第 3 季度
国际	P4	4	48	已交货	6 年	4 季	0 季	ISO9000	第 6 年第 4 季度

表 7　　　　现金流量表

ID	动作	资金	余额	时间	备注
1	初始化资本金	60	60	第 1 年第 1 季度	公司成立
2	短贷	20	80	第 1 年第 1 季度	短贷 20W
3	厂房购买	–40	40	第 1 年第 1 季度	花费 40W 购买大厂房（4543）
4	产品研发	–2	38	第 1 年第 1 季度	P4
5	支付行政管理费	–1	37	第 1 年第 1 季度	
6	短贷	20	57	第 1 年第 2 季度	短贷 20W
7	新建生产线	–5	52	第 1 年第 2 季度	自动线（4585）P4
8	新建生产线	–5	47	第 1 年第 2 季度	自动线（4593）P4
9	新建生产线	–5	42	第 1 年第 2 季度	自动线（4601）P4
10	新建生产线	–5	37	第 1 年第 2 季度	自动线（4609）P4
11	新建生产线	–5	32	第 1 年第 2 季度	自动线（4617）P4
12	产品研发	–2	30	第 1 年第 2 季度	P4
13	支付行政管理费	–1	29	第 1 年第 2 季度	
14	短贷	20	49	第 1 年第 3 季度	短贷 20W
15	在建生产线	–5	44	第 1 年第 3 季度	自动线（4617）
16	在建生产线	–5	39	第 1 年第 3 季度	自动线（4601）
17	在建生产线	–5	34	第 1 年第 3 季度	自动线（4609）
18	在建生产线	–5	29	第 1 年第 3 季度	自动线（4593）
19	在建生产线	–5	24	第 1 年第 3 季度	自动线（4585）
20	产品研发	–2	22	第 1 年第 3 季度	P4
21	支付行政管理费	–1	21	第 1 年第 3 季度	
22	短贷	20	41	第 1 年第 4 季度	短贷 20W
23	在建生产线	–5	36	第 1 年第 4 季度	自动线（4617）
24	在建生产线	–5	31	第 1 年第 4 季度	自动线（4601）
25	在建生产线	–5	26	第 1 年第 4 季度	自动线（4609）
26	在建生产线	–5	21	第 1 年第 4 季度	自动线（4593）
27	在建生产线	–5	16	第 1 年第 4 季度	自动线（4585）

续表

ID	动作	资金	余额	时间	备注
28	产品研发	-2	14	第1年第4季度	P4
29	市场开拓	-5	9	第1年第4季度	本地、区域、国内、亚洲、国际
30	支付行政管理费	-1	8	第1年第4季度	
31	广告投放	-2	6	第2年第1季度	支付广告费2W
32	长贷	49	55	第2年第1季度	5年期长贷49W
33	短贷利息	-1	54	第2年第1季度	支付短贷利息1W
34	归还短贷	-20	34	第2年第1季度	归还短贷20W
35	短贷	20	54	第2年第1季度	短贷20W
36	产品研发	-2	52	第2年第1季度	P4
37	支付行政管理费	-1	51	第2年第1季度	
38	短贷利息	-1	50	第2年第2季度	支付短贷利息1W
39	归还短贷	-20	30	第2年第2季度	归还短贷20W
40	短贷	20	50	第2年第2季度	短贷20W
41	新建生产线	-5	45	第2年第2季度	自动线（6401）P4
42	产品研发	-2	43	第2年第2季度	P4
43	支付行政管理费	-1	42	第2年第2季度	
44	短贷利息	-1	41	第2年第3季度	支付短贷利息1W
45	归还短贷	-20	21	第2年第3季度	归还短贷20W
46	短贷	20	41	第2年第3季度	短贷20W
47	更新原材料	-20	21	第2年第3季度	5R2、5R3、10R4
48	开始下一批生产	-1	20	第2年第3季度	自动线（4617）生产P4
49	开始下一批生产	-1	19	第2年第3季度	自动线（4601）生产P4
50	开始下一批生产	-1	18	第2年第3季度	自动线（4609）生产P4
51	开始下一批生产	-1	17	第2年第3季度	自动线（4593）生产P4
52	开始下一批生产	-1	16	第2年第3季度	自动线（4585）生产P4
53	在建生产线	-5	11	第2年第3季度	自动线（6401）
54	支付行政管理费	-1	10	第2年第3季度	
55	厂房贴现	30	40	第2年第4季度	大厂房贴现，因有生产线，厂房买转租，贴现30W，支付租金5W
56	短贷利息	-1	39	第2年第4季度	支付短贷利息1W
57	归还短贷	-20	19	第2年第4季度	归还短贷20W
58	短贷	20	39	第2年第4季度	短贷20W
59	更新原材料	-20	19	第2年第4季度	5R2、5R3、10R4
60	在建生产线	-5	14	第2年第4季度	自动线（6401）
61	开始下一批生产	-1	13	第2年第4季度	自动线（4617）生产P4

续表

ID	动作	资金	余额	时间	备注
62	开始下一批生产	-1	12	第2年第4季度	自动线（4601）生产P4
63	开始下一批生产	-1	11	第2年第4季度	自动线（4609）生产P4
64	开始下一批生产	-1	10	第2年第4季度	自动线（4593）生产P4
65	开始下一批生产	-1	9	第2年第4季度	自动线（4585）生产P4
66	订单交货	57	66	第2年第4季度	（S224_08）5P4
67	市场开拓	-3	63	第2年第4季度	国内、亚洲、国际
68	ISO投资	-1	62	第2年第4季度	ISO9000投资，花费1W
69	ISO投资	-2	60	第2年第4季度	ISO14000投资，花费2W
70	支付行政管理费	-1	59	第2年第4季度	
71	支付设备维修费用	-1	58	第2年第4季度	自动线（4601）
72	支付设备维修费用	-1	57	第2年第4季度	自动线（4617）
73	支付设备维修费用	-1	56	第2年第4季度	自动线（4585）
74	支付设备维修费用	-1	55	第2年第4季度	自动线（4593）
75	支付设备维修费用	-1	54	第2年第4季度	自动线（4609）
76	广告投放	-7	47	第3年第1季度	支付广告费7W
77	长贷利息	-5	42	第3年第1季度	支付长贷利息5W
78	归还长贷	0	42	第3年第1季度	归还长贷0W
79	短贷利息	-1	41	第3年第1季度	支付短贷利息1W
80	归还短贷	-20	21	第3年第1季度	归还短贷20W
81	短贷	10	31	第3年第1季度	短贷10W
82	更新原材料	-24	7	第3年第1季度	6R2、6R3、12R4
83	开始下一批生产	-1	6	第3年第1季度	自动线（4617）生产P4
84	开始下一批生产	-1	5	第3年第1季度	自动线（4601）生产P4
85	开始下一批生产	-1	4	第3年第1季度	自动线（6401）生产P4
86	开始下一批生产	-1	3	第3年第1季度	自动线（4609）生产P4
87	开始下一批生产	-1	2	第3年第1季度	自动线（4593）生产P4
88	开始下一批生产	-1	1	第3年第1季度	自动线（4585）生产P4
89	订单交货	53	54	第3年第1季度	（S314_01）5P4
90	支付行政管理费	-1	53	第3年第1季度	
91	短贷利息	-1	52	第3年第2季度	支付短贷利息1W
92	归还短贷	-20	32	第3年第2季度	归还短贷20W
93	短贷	20	52	第3年第2季度	短贷20W
94	更新原材料	-24	28	第3年第2季度	6R2、6R3、12R4
95	厂房租用	-3	25	第3年第2季度	花费3W租用小厂房（9573）
96	新建生产线	-5	20	第3年第2季度	自动线（9586）P4

续表

ID	动作	资金	余额	时间	备注
97	新建生产线	-5	15	第3年第2季度	自动线（9595）P4
98	开始下一批生产	-1	14	第3年第2季度	自动线（4617）生产P4
99	开始下一批生产	-1	13	第3年第2季度	自动线（4601）生产P4
100	开始下一批生产	-1	12	第3年第2季度	自动线（6401）生产P4
101	开始下一批生产	-1	11	第3年第2季度	自动线（4609）生产P4
102	开始下一批生产	-1	10	第3年第2季度	自动线（4593）生产P4
103	开始下一批生产	-1	9	第3年第2季度	自动线（4585）生产P4
104	订单交货	66	75	第3年第2季度	（S324_13）6P4
105	支付行政管理费	-1	74	第3年第2季度	
106	短贷利息	-1	73	第3年第3季度	支付短贷利息1W
107	归还短贷	-20	53	第3年第3季度	归还短贷20W
108	短贷	20	73	第3年第3季度	短贷20W
109	更新原材料	-24	49	第3年第3季度	6R2、6R3、12R4
110	开始下一批生产	-1	48	第3年第3季度	自动线（4617）生产P4
111	开始下一批生产	-1	47	第3年第3季度	自动线（4601）生产P4
112	开始下一批生产	-1	46	第3年第3季度	自动线（6401）生产P4
113	开始下一批生产	-1	45	第3年第3季度	自动线（4609）生产P4
114	开始下一批生产	-1	44	第3年第3季度	自动线（4593）生产P4
115	开始下一批生产	-1	43	第3年第3季度	自动线（4585）生产P4
116	在建生产线	-5	38	第3年第3季度	自动线（9586）
117	在建生产线	-5	33	第3年第3季度	自动线（9595）
118	订单交货	12	45	第3年第3季度	（S334_08）1P4
119	支付行政管理费	-1	44	第3年第3季度	
120	短贷利息	-1	43	第3年第4季度	支付短贷利息1W
121	归还短贷	-20	23	第3年第4季度	归还短贷20W
122	短贷	20	43	第3年第4季度	短贷20W
123	更新原材料	-24	19	第3年第4季度	6R2、6R3、12R4
124	在建生产线	-5	14	第3年第4季度	自动线（9586）
125	在建生产线	-5	9	第3年第4季度	自动线（9595）
126	开始下一批生产	-1	8	第3年第4季度	自动线（4617）生产P4
127	开始下一批生产	-1	7	第3年第4季度	自动线（4601）生产P4
128	开始下一批生产	-1	6	第3年第4季度	自动线（6401）生产P4
129	开始下一批生产	-1	5	第3年第4季度	自动线（4609）生产P4
130	开始下一批生产	-1	4	第3年第4季度	自动线（4593）生产P4
131	开始下一批生产	-1	3	第3年第4季度	自动线（4585）生产P4

续表

ID	动作	资金	余额	时间	备注
132	市场开拓	-2	1	第3年第4季度	亚洲、国际
133	贴现	9	10	第3年第4季度	贴现1账期应收款10W，贴息1W
134	贴现	9	19	第3年第4季度	贴现1账期应收款10W，贴息1W
135	支付行政管理费	-1	18	第3年第4季度	
136	厂房租金	-5	13	第3年第4季度	厂房ID：4543
137	支付设备维修费用	-1	12	第3年第4季度	自动线（4617）
138	支付设备维修费用	-1	11	第3年第4季度	自动线（4585）
139	支付设备维修费用	-1	10	第3年第4季度	自动线（4593）
140	支付设备维修费用	-1	9	第3年第4季度	自动线（4609）
141	支付设备维修费用	-1	8	第3年第4季度	自动线（6401）
142	支付设备维修费用	-1	7	第3年第4季度	自动线（4601）
143	贴现	9	16	第4年第1季度	贴现1账期应收款10W，贴息1W
144	贴现	9	25	第4年第1季度	贴现1账期应收款10W，贴息1W
145	广告投放	-12	13	第4年第1季度	支付广告费12W
146	缴纳所得税	-7	6	第4年第1季度	
147	长贷利息	-5	1	第4年第1季度	支付长贷利息5W
148	归还长贷	0	1	第4年第1季度	归还长贷0W
149	长贷	111	112	第4年第1季度	5年期长贷111W
150	短贷利息	-1	111	第4年第1季度	支付短贷利息1W
151	归还短贷	-10	101	第4年第1季度	归还短贷10W
152	更新原材料	-32	69	第4年第1季度	8R2、8R3、16R4
153	开始下一批生产	-1	68	第4年第1季度	自动线（9586）生产P4
154	开始下一批生产	-1	67	第4年第1季度	自动线（4617）生产P4
155	开始下一批生产	-1	66	第4年第1季度	自动线（4601）生产P4
156	开始下一批生产	-1	65	第4年第1季度	自动线（6401）生产P4
157	开始下一批生产	-1	64	第4年第1季度	自动线（4609）生产P4
158	开始下一批生产	-1	63	第4年第1季度	自动线（4593）生产P4
159	开始下一批生产	-1	62	第4年第1季度	自动线（4585）生产P4
160	开始下一批生产	-1	61	第4年第1季度	自动线（9595）生产P4
161	应收款更新	8	69	第4年第1季度	应收款更新8W
162	订单交货	12	81	第4年第1季度	（S444_02）1P4
163	订单交货	71	152	第4年第1季度	（S434_17）6P4
164	订单交货	11	163	第4年第1季度	（S414_02）1P4
165	支付行政管理费	-1	162	第4年第1季度	
166	短贷利息	-1	161	第4年第2季度	支付短贷利息1W

续表

ID	动作	资金	余额	时间	备注
167	归还短贷	-20	141	第4年第2季度	归还短贷20W
168	更新原材料	-32	109	第4年第2季度	8R2、8R3、16R4
169	新建生产线	-5	104	第4年第2季度	自动线（1042）P4
170	新建生产线	-5	99	第4年第2季度	自动线（1050）P4
171	开始下一批生产	-1	98	第4年第2季度	自动线（9586）生产P4
172	开始下一批生产	-1	97	第4年第2季度	自动线（4617）生产P4
173	开始下一批生产	-1	96	第4年第2季度	自动线（4601）生产P4
174	开始下一批生产	-1	95	第4年第2季度	自动线（6401）生产P4
175	开始下一批生产	-1	94	第4年第2季度	自动线（4609）生产P4
176	开始下一批生产	-1	93	第4年第2季度	自动线（4593）生产P4
177	开始下一批生产	-1	92	第4年第2季度	自动线（4585）生产P4
178	开始下一批生产	-1	91	第4年第2季度	自动线（9595）生产P4
179	厂房处理	-30	61	第4年第2季度	小厂房（9573）租转买，花费30W
180	支付行政管理费	-1	60	第4年第2季度	
181	短贷利息	-1	59	第4年第3季度	支付短贷利息1W
182	归还短贷	-20	39	第4年第3季度	归还短贷20W
183	短贷	20	59	第4年第3季度	短贷20W
184	更新原材料	-32	27	第4年第3季度	8R2、8R3、16R4
185	在建生产线	-5	22	第4年第3季度	自动线（1042）
186	在建生产线	-5	17	第4年第3季度	自动线（1050）
187	开始下一批生产	-1	16	第4年第3季度	自动线（9586）生产P4
188	开始下一批生产	-1	15	第4年第3季度	自动线（4617）生产P4
189	开始下一批生产	-1	14	第4年第3季度	自动线（4601）生产P4
190	开始下一批生产	-1	13	第4年第3季度	自动线（6401）生产P4
191	开始下一批生产	-1	12	第4年第3季度	自动线（4609）生产P4
192	开始下一批生产	-1	11	第4年第3季度	自动线（4593）生产P4
193	开始下一批生产	-1	10	第4年第3季度	自动线（4585）生产P4
194	开始下一批生产	-1	9	第4年第3季度	自动线（9595）生产P4
195	应收款更新	89	98	第4年第3季度	应收款更新89W
196	支付行政管理费	-1	97	第4年第3季度	
197	短贷利息	-1	96	第4年第4季度	支付短贷利息1W
198	归还短贷	-20	76	第4年第4季度	归还短贷20W
199	短贷	40	116	第4年第4季度	短贷40W
200	更新原材料	-32	84	第4年第4季度	8R2、8R3、16R4
201	在建生产线	-5	79	第4年第4季度	自动线（1042）

续表

ID	动作	资金	余额	时间	备注
202	在建生产线	-5	74	第4年第4季度	自动线（1050）
203	开始下一批生产	-1	73	第4年第4季度	自动线（9586）生产P4
204	开始下一批生产	-1	72	第4年第4季度	自动线（4617）生产P4
205	开始下一批生产	-1	71	第4年第4季度	自动线（4601）生产P4
206	开始下一批生产	-1	70	第4年第4季度	自动线（6401）生产P4
207	开始下一批生产	-1	69	第4年第4季度	自动线（4609）生产P4
208	开始下一批生产	-1	68	第4年第4季度	自动线（4593）生产P4
209	开始下一批生产	-1	67	第4年第4季度	自动线（4585）生产P4
210	开始下一批生产	-1	66	第4年第4季度	自动线（9595）生产P4
211	应收款更新	51	117	第4年第4季度	应收款更新51W
212	厂房处理	-40	77	第4年第4季度	大厂房（4543）租转买，花费40W
213	市场开拓	-1	76	第4年第4季度	国际
214	ISO投资	-1	75	第4年第4季度	ISO9000投资，花费1W
215	ISO投资	-2	73	第4年第4季度	ISO14000投资，花费2W
216	支付行政管理费	-1	72	第4年第4季度	
217	支付设备维修费用	-1	71	第4年第4季度	自动线（4617）
218	支付设备维修费用	-1	70	第4年第4季度	自动线（4585）
219	支付设备维修费用	-1	69	第4年第4季度	自动线（4593）
220	支付设备维修费用	-1	68	第4年第4季度	自动线（4609）
221	支付设备维修费用	-1	67	第4年第4季度	自动线（6401）
222	支付设备维修费用	-1	66	第4年第4季度	自动线（4601）
223	支付设备维修费用	-1	65	第4年第4季度	自动线（9586）
224	支付设备维修费用	-1	64	第4年第4季度	自动线（9595）
225	贴现	9	73	第5年第1季度	贴现1账期应收款10W，贴息1W
226	广告投放	-17	56	第5年第1季度	支付广告费17W
227	缴纳所得税	-40	16	第5年第1季度	
228	长贷利息	-16	0	第5年第1季度	支付长贷利息16W
229	归还长贷	0	0	第5年第1季度	归还长贷0W
230	长贷	50	50	第5年第1季度	5年期长贷50W
231	更新原材料	-40	10	第5年第1季度	10R2、10R3、20R4
232	开始下一批生产	-1	9	第5年第1季度	自动线（9586）生产P4
233	开始下一批生产	-1	8	第5年第1季度	自动线（4617）生产P4
234	开始下一批生产	-1	7	第5年第1季度	自动线（4601）生产P4
235	开始下一批生产	-1	6	第5年第1季度	自动线（6401）生产P4
236	开始下一批生产	-1	5	第5年第1季度	自动线（1042）生产P4

续表

ID	动作	资金	余额	时间	备注
237	开始下一批生产	-1	4	第5年第1季度	自动线（4609）生产P4
238	开始下一批生产	-1	3	第5年第1季度	自动线（4593）生产P4
239	开始下一批生产	-1	2	第5年第1季度	自动线（4585）生产P4
240	开始下一批生产	-1	1	第5年第1季度	自动线（9595）生产P4
241	开始下一批生产	-1	0	第5年第1季度	自动线（1050）生产P4
242	应收款更新	43	43	第5年第1季度	应收款更新43W
243	订单交货	71	114	第5年第1季度	（S534_15）6P4
244	订单交货	37	151	第5年第1季度	（S534_07）3P4
245	支付行政管理费	-1	150	第5年第1季度	
246	更新原材料	-40	110	第5年第2季度	10R2、10R3、20R4
247	开始下一批生产	-1	109	第5年第2季度	自动线（9586）生产P4
248	开始下一批生产	-1	108	第5年第2季度	自动线（4617）生产P4
249	开始下一批生产	-1	107	第5年第2季度	自动线（4601）生产P4
250	开始下一批生产	-1	106	第5年第2季度	自动线（6401）生产P4
251	开始下一批生产	-1	105	第5年第2季度	自动线（1042）生产P4
252	开始下一批生产	-1	104	第5年第2季度	自动线（4609）生产P4
253	开始下一批生产	-1	103	第5年第2季度	自动线（4593）生产P4
254	开始下一批生产	-1	102	第5年第2季度	自动线（4585）生产P4
255	开始下一批生产	-1	101	第5年第2季度	自动线（9595）生产P4
256	开始下一批生产	-1	100	第5年第2季度	自动线（1050）生产P4
257	订单交货	34	134	第5年第2季度	（S524_21）3P4
258	订单交货	13	147	第5年第2季度	（S534_14）1P4
259	支付行政管理费	-1	146	第5年第2季度	
260	短贷利息	-1	145	第5年第3季度	支付短贷利息1W
261	归还短贷	-20	125	第5年第3季度	归还短贷20W
262	更新原材料	-40	85	第5年第3季度	10R2、10R3、20R4
263	开始下一批生产	-1	84	第5年第3季度	自动线（9586）生产P4
264	开始下一批生产	-1	83	第5年第3季度	自动线（4617）生产P4
265	开始下一批生产	-1	82	第5年第3季度	自动线（4601）生产P4
266	开始下一批生产	-1	81	第5年第3季度	自动线（6401）生产P4
267	开始下一批生产	-1	80	第5年第3季度	自动线（1042）生产P4
268	开始下一批生产	-1	79	第5年第3季度	自动线（4609）生产P4
269	开始下一批生产	-1	78	第5年第3季度	自动线（4593）生产P4
270	开始下一批生产	-1	77	第5年第3季度	自动线（4585）生产P4
271	开始下一批生产	-1	76	第5年第3季度	自动线（9595）生产P4

续表

ID	动作	资金	余额	时间	备注
272	开始下一批生产	-1	75	第5年第3季度	自动线（1050）生产P4
273	应收款更新	74	149	第5年第3季度	应收款更新74W
274	订单交货	60	209	第5年第3季度	（S524_14）5P4
275	支付行政管理费	-1	208	第5年第3季度	
276	短贷利息	-2	206	第5年第4季度	支付短贷利息2W
277	归还短贷	-40	166	第5年第4季度	归还短贷40W
278	更新原材料	-40	126	第5年第4季度	10R2、10R3、20R4
279	开始下一批生产	-1	125	第5年第4季度	自动线（9586）生产P4
280	开始下一批生产	-1	124	第5年第4季度	自动线（4617）生产P4
281	开始下一批生产	-1	123	第5年第4季度	自动线（4601）生产P4
282	开始下一批生产	-1	122	第5年第4季度	自动线（6401）生产P4
283	开始下一批生产	-1	121	第5年第4季度	自动线（1042）生产P4
284	开始下一批生产	-1	120	第5年第4季度	自动线（4609）生产P4
285	开始下一批生产	-1	119	第5年第4季度	自动线（4593）生产P4
286	开始下一批生产	-1	118	第5年第4季度	自动线（4585）生产P4
287	开始下一批生产	-1	117	第5年第4季度	自动线（9595）生产P4
288	开始下一批生产	-1	116	第5年第4季度	自动线（1050）生产P4
289	应收款更新	85	201	第5年第4季度	应收款更新85W
290	支付行政管理费	-1	200	第5年第4季度	
291	支付设备维修费用	-1	199	第5年第4季度	自动线（4617）
292	支付设备维修费用	-1	198	第5年第4季度	自动线（4585）
293	支付设备维修费用	-1	197	第5年第4季度	自动线（4593）
294	支付设备维修费用	-1	196	第5年第4季度	自动线（4609）
295	支付设备维修费用	-1	195	第5年第4季度	自动线（6401）
296	支付设备维修费用	-1	194	第5年第4季度	自动线（4601）
297	支付设备维修费用	-1	193	第5年第4季度	自动线（1050）
298	支付设备维修费用	-1	192	第5年第4季度	自动线（9586）
299	支付设备维修费用	-1	191	第5年第4季度	自动线（9595）
300	支付设备维修费用	-1	190	第5年第4季度	自动线（1042）
301	广告投放	-23	167	第6年第1季度	支付广告费23W
302	缴纳所得税	-49	118	第6年第1季度	
303	长贷利息	-21	97	第6年第1季度	支付长贷利息21W
304	归还长贷	0	97	第6年第1季度	归还长贷0W
305	更新原材料	-40	57	第6年第1季度	10R2、10R3、20R4
306	开始下一批生产	-1	56	第6年第1季度	自动线（9586）生产P4

续表

ID	动作	资金	余额	时间	备注
307	开始下一批生产	-1	55	第6年第1季度	自动线（4617）生产P4
308	开始下一批生产	-1	54	第6年第1季度	自动线（4601）生产P4
309	开始下一批生产	-1	53	第6年第1季度	自动线（6401）生产P4
310	开始下一批生产	-1	52	第6年第1季度	自动线（1042）生产P4
311	开始下一批生产	-1	51	第6年第1季度	自动线（4609）生产P4
312	开始下一批生产	-1	50	第6年第1季度	自动线（4593）生产P4
313	开始下一批生产	-1	49	第6年第1季度	自动线（4585）生产P4
314	开始下一批生产	-1	48	第6年第1季度	自动线（9595）生产P4
315	开始下一批生产	-1	47	第6年第1季度	自动线（1050）生产P4
316	应收款更新	47	94	第6年第1季度	应收款更新47W
317	订单交货	86	180	第6年第1季度	（S624_03）7P4
318	订单交货	83	263	第6年第1季度	（S624_29）7P4
319	支付行政管理费	-1	262	第6年第1季度	
320	更新原材料	-40	222	第6年第2季度	10R2、10R3、20R4
321	开始下一批生产	-1	221	第6年第2季度	自动线（9586）生产P4
322	开始下一批生产	-1	220	第6年第2季度	自动线（4617）生产P4
323	开始下一批生产	-1	219	第6年第2季度	自动线（4601）生产P4
324	开始下一批生产	-1	218	第6年第2季度	自动线（6401）生产P4
325	开始下一批生产	-1	217	第6年第2季度	自动线（1042）生产P4
326	开始下一批生产	-1	216	第6年第2季度	自动线（4609）生产P4
327	开始下一批生产	-1	215	第6年第2季度	自动线（4593）生产P4
328	开始下一批生产	-1	214	第6年第2季度	自动线（4585）生产P4
329	开始下一批生产	-1	213	第6年第2季度	自动线（9595）生产P4
330	开始下一批生产	-1	212	第6年第2季度	自动线（1050）生产P4
331	应收款更新	111	323	第6年第2季度	应收款更新111W
332	支付行政管理费	-1	322	第6年第2季度	
333	更新原材料	-40	282	第6年第3季度	10R2、10R3、20R4
334	开始下一批生产	-1	281	第6年第3季度	自动线（9586）生产P4
335	开始下一批生产	-1	280	第6年第3季度	自动线（4617）生产P4
336	开始下一批生产	-1	279	第6年第3季度	自动线（4601）生产P4
337	开始下一批生产	-1	278	第6年第3季度	自动线（6401）生产P4
338	开始下一批生产	-1	277	第6年第3季度	自动线（1042）生产P4
339	开始下一批生产	-1	276	第6年第3季度	自动线（4609）生产P4
340	开始下一批生产	-1	275	第6年第3季度	自动线（4593）生产P4
341	开始下一批生产	-1	274	第6年第3季度	自动线（4585）生产P4

续表

ID	动作	资金	余额	时间	备注
342	开始下一批生产	-1	273	第6年第3季度	自动线（9595）生产 P4
343	开始下一批生产	-1	272	第6年第3季度	自动线（1050）生产 P4
344	应收款更新	86	358	第6年第3季度	应收款更新 86W
345	支付行政管理费	-1	357	第6年第3季度	
346	应收款更新	126	483	第6年第4季度	应收款更新 126W
347	订单交货	48	531	第6年第4季度	（S654_15）4P4
348	支付行政管理费	-1	530	第6年第4季度	
349	支付设备维修费用	-1	529	第6年第4季度	自动线（4617）
350	支付设备维修费用	-1	528	第6年第4季度	自动线（4585）
351	支付设备维修费用	-1	527	第6年第4季度	自动线（4593）
352	支付设备维修费用	-1	526	第6年第4季度	自动线（4609）
353	支付设备维修费用	-1	525	第6年第4季度	自动线（6401）
354	支付设备维修费用	-1	524	第6年第4季度	自动线（4601）
355	支付设备维修费用	-1	523	第6年第4季度	自动线（1050）
356	支付设备维修费用	-1	522	第6年第4季度	自动线（9586）
357	支付设备维修费用	-1	521	第6年第4季度	自动线（9595）
358	支付设备维修费用	-1	520	第6年第4季度	自动线（1042）

表8 **综合费用表** 单位：W

年度	第1年	第2年	第3年	第4年	第5年	第6年
类型	系统	系统	系统	系统	系统	系统
管理费	4	4	4	4	4	4
广告费	0	2	7	12	17	23
设备维护费	0	5	6	8	10	10
转产费	0	0	0	0	0	0
租金	0	5	8	0	0	0
市场准入开拓	5	3	2	1	0	0
产品研发	8	4	0	0	0	0
ISO认证资格	0	3	0	3	0	0
信息费	0	0	0	0	0	0
其他	0	0	0	0	0	0
合计	17	26	27	28	31	37

表 9 利润表 单位：W

年度	第 1 年	第 2 年	第 3 年	第 4 年	第 5 年	第 6 年
类型	系统	系统	系统	系统	系统	系统
销售收入	0	57	179	361	461	591
直接成本	0	25	80	145	190	240
毛利	0	32	99	216	271	351
综合管理费用	17	26	27	28	31	37
折旧前利润	−17	6	72	188	240	314
折旧	0	0	15	18	24	30
支付利息前利润	−17	6	57	170	216	284
财务费用	0	9	11	11	20	21
税前利润	−17	−3	46	159	196	263
所得税	0	0	7	40	49	66
净利润	−17	−3	39	119	147	197

表 10 资产负债表 单位：W

年度	第 1 年	第 2 年	第 3 年	第 4 年	第 5 年	第 6 年
类型	系统	系统	系统	系统	系统	系统
现金	8	54	7	64	190	520
应收账款	0	0	28	127	161	165
在制品	0	25	30	40	50	0
产成品	0	0	35	40	40	0
原材料	0	0	0	0	0	0
流动资产合计	8	79	100	271	441	685
土地和建筑	40	0	0	70	70	70
机器与设备	0	75	75	87	93	63
在建工程	75	15	30	30	0	0
固定资产合计	115	90	105	187	163	133
资产总计	123	169	205	458	604	818
长期负债	0	49	49	160	210	210
短期负债	80	80	70	60	0	0
特别贷款	0	0	0	0	0	0
应交税金	0	0	7	40	49	66

续表

年度	第 1 年	第 2 年	第 3 年	第 4 年	第 5 年	第 6 年
负债合计	80	129	126	260	259	276
股东资本	60	60	60	60	60	60
利润留存	0	-17	-20	19	138	285
年度净利	-17	-3	39	119	147	197
所有者权益合计	43	40	79	198	345	542
负债和所有者权益总计	123	169	205	458	604	818